TRANZLATY

Language is for everyone

Jezik je za vse

The Call of the Wild

Klic divjine

Jack London

English / Slovenščina

Into the Primitive
V primitivno

Buck did not read the newspapers.
Buck ni bral časopisov.
Had he read the newspapers he would have known trouble was brewing.
Če bi bral časopise, bi vedel, da se pripravljajo težave.
There was trouble not alone for himself, but for every tidewater dog.
Težave niso bile samo zanj, ampak za vsakega psa, ki je živel v plimni vodi.
Every dog strong of muscle and with warm, long hair was going to be in trouble.
Vsak pes, močan v mišicah in s toplo, dolgo dlako, bi bil v težavah.
From Puget Bay to San Diego no dog could escape what was coming.
Od Puget Baya do San Diega se noben pes ni mogel izogniti temu, kar je prihajalo.
Men, groping in the Arctic darkness, had found a yellow metal.
Moški, ki so tipali v arktični temi, so našli rumeno kovino.
Steamship and transportation companies were chasing the discovery.
Parniki in transportna podjetja so zasledovala odkritje.
Thousands of men were rushing into the Northland.
Na tisoče mož je hitelo v Severno deželo.
These men wanted dogs, and the dogs they wanted were heavy dogs.
Ti možje so si želeli pse, in psi, ki so si jih želeli, so bili težki psi.
Dogs with strong muscles by which to toil.
Psi z močnimi mišicami, s katerimi se lahko trudijo.
Dogs with furry coats to protect them from the frost.
Psi s kosmatim kožuhom, ki jih ščiti pred zmrzaljo.

Buck lived at a big house in the sun-kissed Santa Clara Valley.
Buck je živel v veliki hiši v sončni dolini Santa Clara.
Judge Miller's place, his house was called.
Sodnikova hiša, tako se je imenovala.
His house stood back from the road, half hidden among the trees.
Njegova hiša je stala umaknjena od ceste, napol skrita med drevesi.
One could get glimpses of the wide veranda running around the house.
Videti je bilo mogoče široko verando, ki se razteza okoli hiše.
The house was approached by graveled driveways.
Do hiše so vodili gramozni dovozi.
The paths wound about through wide-spreading lawns.
Poti so se vile skozi široko razprostirajoče se travnike.
Overhead were the interlacing boughs of tall poplars.
Nad njimi so se prepletale veje visokih topolov.
At the rear of the house things were on even more spacious.
V zadnjem delu hiše je bilo še bolj prostorno.
There were great stables, where a dozen grooms were chatting
Bili so veliki hlevi, kjer se je klepetalo ducat ženinov
There were rows of vine-clad servants' cottages
Bile so vrste hišic za služinčad, odetih z vinsko trto
And there was an endless and orderly array of outhouses
In tam je bila neskončna in urejena vrsta stranišč
Long grape arbors, green pastures, orchards, and berry patches.
Dolgi vinogradi, zeleni pašniki, sadovnjaki in jagodičevje.
Then there was the pumping plant for the artesian well.
Potem je bila tu še črpalna naprava za arteški vodnjak.
And there was the big cement tank filled with water.
In tam je bil velik cementni rezervoar, napolnjen z vodo.
Here Judge Miller's boys took their morning plunge.
Tukaj so se fantje sodnika Millerja zjutraj potopili v vodo.
And they cooled down there in the hot afternoon too.

In tudi tam so se ohladili v vročem popoldnevu.

And over this great domain, Buck was the one who ruled all of it.

In nad to veliko domeno je bil Buck tisti, ki je vladal vsemu.

Buck was born on this land and lived here all his four years.

Buck se je rodil na tej zemlji in tukaj živel vsa svoja štiri leta.

There were indeed other dogs, but they did not truly matter.

Res so bili še drugi psi, vendar niso bili zares pomembni.

Other dogs were expected in a place as vast as this one.

Na tako ogromnem kraju so pričakovali tudi druge pse.

These dogs came and went, or lived inside the busy kennels.

Ti psi so prihajali in odhajali ali pa so živeli v živahnih pesjakih.

Some dogs lived hidden in the house, like Toots and Ysabel did.

Nekateri psi so živeli skriti v hiši, kot sta Toots in Ysabel.

Toots was a Japanese pug, Ysabel a Mexican hairless dog.

Toots je bil japonski mops, Ysabel pa mehiška gola psica.

These strange creatures rarely stepped outside the house.

Ta čudna bitja so le redko stopila iz hiše.

They did not touch the ground, nor sniff the open air outside.

Niso se dotaknili tal niti vohali odprtega zraka zunaj.

There were also the fox terriers, at least twenty in number.

Bili so tudi foksterierji, vsaj dvajset jih je bilo.

These terriers barked fiercely at Toots and Ysabel indoors.

Ti terierji so v zaprtih prostorih divje lajali na Tootsa in Ysabel.

Toots and Ysabel stayed behind windows, safe from harm.

Toots in Ysabel sta ostala za okni, varna pred nevarnostjo.

They were guarded by housemaids with brooms and mops.

Varovale so jih gospodinjske pomočnice z metlami in krpami.

But Buck was no house-dog, and he was no kennel-dog either.

Ampak Buck ni bil hišni pes in tudi ni bil pes za pse.

The entire property belonged to Buck as his rightful realm.

Celotno posestvo je pripadalo Bucku kot njegovo zakonito kraljestvo.

Buck swam in the tank or went hunting with the Judge's sons.
Buck je plaval v akvariju ali pa je hodil na lov s sodnikovimi sinovi.
He walked with Mollie and Alice in the early or late hours.
Z Mollie in Alice se je sprehajal v zgodnjih ali poznih urah.
On cold nights he lay before the library fire with the Judge.
V hladnih nočeh je ležal s sodnikom pred kaminom v knjižnici.
Buck gave rides to the Judge's grandsons on his strong back.
Buck je na svojem močnem hrbtu vozil sodnikove vnuke.
He rolled in the grass with the boys, guarding them closely.
Valjal se je po travi s fanti in jih skrbno stražil.
They ventured to the fountain and even past the berry fields.
Podali so se do vodnjaka in celo mimo jagodnih polj.
Among the fox terriers, Buck walked with royal pride always.
Med foxterierji je Buck vedno hodil s kraljevskim ponosom.
He ignored Toots and Ysabel, treating them like they were air.
Tootsa in Ysabel je ignoriral in ju obravnaval, kot da bi bila zrak.
Buck ruled over all living creatures on Judge Miller's land.
Buck je vladal vsem živim bitjem na zemlji sodnika Millerja.
He ruled over animals, insects, birds, and even humans.
Vladal je živalim, žuželkam, pticam in celo ljudem.
Buck's father Elmo had been a huge and loyal St. Bernard.
Buckov oče Elmo je bil ogromen in zvest bernard.
Elmo never left the Judge's side, and served him faithfully.
Elmo ni nikoli zapustil sodnikove strani in mu je zvesto služil.
Buck seemed ready to follow his father's noble example.
Zdelo se je, da je Buck pripravljen slediti očetovemu plemenitemu zgledu.
Buck was not quite as large, weighing one hundred and forty pounds.
Buck ni bil tako velik, tehtal je sto štirideset funtov.
His mother, Shep, had been a fine Scotch shepherd dog.

Njegova mama, Shep, je bila odlična škotska ovčarka.

But even at that weight, Buck walked with regal presence.
Toda tudi pri tej teži je Buck hodil s kraljevsko prezenco.

This came from good food and the respect he always received.
To je izhajalo iz dobre hrane in spoštovanja, ki ga je vedno prejemal.

For four years, Buck had lived like a spoiled nobleman.
Štiri leta je Buck živel kot razvajen plemič.

He was proud of himself, and even slightly egotistical.
Bil je ponosen nase in celo rahlo egoističen.

That kind of pride was common in remote country lords.
Takšna vrsta ponosa je bila pogosta med oddaljenimi podeželskimi gospodi.

But Buck saved himself from becoming pampered house-dog.
Toda Buck se je rešil pred tem, da bi postal razvajen hišni pes.

He stayed lean and strong through hunting and exercise.
Z lovom in vadbo je ostal vitek in močan.

He loved water deeply, like people who bathe in cold lakes.
Globoko je ljubil vodo, tako kot ljudje, ki se kopajo v hladnih jezerih.

This love for water kept Buck strong, and very healthy.
Ta ljubezen do vode je Bucka ohranjala močnega in zelo zdravega.

This was the dog Buck had become in the fall of 1897.
To je bil pes, v katerega se je Buck spremenil jeseni 1897.

When the Klondike strike pulled men to the frozen North.
Ko je napad na Klondike potegnil moške na zamrznjeni sever.

People rushed from all over the world into the cold land.
Ljudje so se z vsega sveta zgrinjali v mrzlo deželo.

Buck, however, did not read the papers, nor understand news.
Buck pa ni bral časopisov niti ni razumel novic.

He did not know Manuel was a bad man to be around.
Ni vedel, da je Manuelova slaba družba.

Manuel, who helped in the garden, had a deep problem.

Manuel, ki je pomagal na vrtu, je imel velik problem.
Manuel was addicted to gambling in the Chinese lottery.
Manuel je bil zasvojen z igrami na srečo v kitajski loteriji.
He also believed strongly in a fixed system for winning.
Prav tako je trdno verjel v fiksni sistem za zmagovanje.
That belief made his failure certain and unavoidable.
Zaradi tega prepričanja je bil njegov neuspeh gotov in neizogiben.
Playing a system demands money, which Manuel lacked.
Igranje sistema zahteva denar, ki ga Manuelu ni bilo.
His pay barely supported his wife and many children.
Njegova plača je komaj preživljala ženo in številne otroke.
On the night Manuel betrayed Buck, things were normal.
Tisto noč, ko je Manuel izdal Bucka, je bilo vse normalno.
The Judge was at a Raisin Growers' Association meeting.
Sodnik je bil na srečanju Združenja pridelovalcev rozin.
The Judge's sons were busy forming an athletic club then.
Sodnikova sinova sta bila takrat zaposlena z ustanovitvijo atletskega kluba.
No one saw Manuel and Buck leaving through the orchard.
Nihče ni videl Manuela in Bucka odhajati skozi sadovnjak.
Buck thought this walk was just a simple nighttime stroll.
Buck je mislil, da je ta sprehod le preprost nočni sprehod.
They met only one man at the flag station, in College Park.
Na postaji za zastave v College Parku so srečali le enega moškega.
That man spoke to Manuel, and they exchanged money.
Ta mož je govoril z Manuelom in zamenjala sta denar.
"Wrap up the goods before you deliver them," he suggested.
»Zavij blago, preden ga dostaviš,« je predlagal.
The man's voice was rough and impatient as he spoke.
Moški je govoril hrapav in nepotrpežljiv glas.
Manuel carefully tied a thick rope around Buck's neck.
Manuel je Bucku previdno zavezal debelo vrv okoli vratu.
"Twist the rope, and you'll choke him plenty"
"Zasukaj vrv in ga boš precej zadavil."
The stranger gave a grunt, showing he understood well.

Neznanec je zamrmral, kar je pokazalo, da dobro razume.

Buck accepted the rope with calm and quiet dignity that day.

Buck je tisti dan sprejel vrv mirno in tiho dostojanstveno.

It was an unusual act, but Buck trusted the men he knew.

Bilo je nenavadno dejanje, toda Buck je zaupal možem, ki jih je poznal.

He believed their wisdom went far beyond his own thinking.

Verjel je, da njihova modrost daleč presega njegovo lastno razmišljanje.

But then the rope was handed to the hands of the stranger.

Nato pa je bila vrv izročena v roke neznanca.

Buck gave a low growl that warned with quiet menace.

Buck je tiho zarenčal, kar je s tiho grožnjo pomenilo opozorilo.

He was proud and commanding, and meant to show his displeasure.

Bil je ponosen in ukazovalen ter je želel pokazati svoje nezadovoljstvo.

Buck believed his warning would be understood as an order.

Buck je verjel, da bodo njegovo opozorilo razumljeno kot ukaz.

To his shock, the rope tightened fast around his thick neck.

Na njegovo presenečenje se je vrv močno zategnila okoli njegovega debelega vratu.

His air was cut off and he began to fight in a sudden rage.

Zmanjkalo mu je zraka in v nenadni jezi se je začel boriti.

He sprang at the man, who quickly met Buck in mid-air.

Skočil je na moškega, ki je v zraku hitro srečal Bucka.

The man grabbed Buck's throat and skillfully twisted him in the air.

Moški je zgrabil Bucka za grlo in ga spretno zasukal v zraku.

Buck was thrown down hard, landing flat on his back.

Bucka je močno vrglo na tla in pristal je na hrbtu.

The rope now choked him cruelly while he kicked wildly.

Vrv ga je zdaj kruto dušila, medtem ko je divje brcal.

His tongue fell out, his chest heaved, but gained no breath.

Jezik mu je izpadel, prsi so se mu dvignile, a ni mogel zadihati.

He had never been treated with such violence in his life.

Še nikoli v življenju ni bil deležen takšnega nasilja.

He had also never been filled with such deep fury before.

Prav tako ga še nikoli ni preplavila tako globoka jeza.

But Buck's power faded, and his eyes turned glassy.

Toda Buckova moč je zbledela in njegove oči so postale steklene.

He passed out just as a train was flagged down nearby.

Omedlel je ravno takrat, ko je v bližini ustavil vlak.

Then the two men tossed him into the baggage car quickly.

Nato sta ga moška hitro vrgla v prtljažni vagon.

The next thing Buck felt was pain in his swollen tongue.

Naslednja stvar, ki jo je Buck začutil, je bila bolečina v oteklem jeziku.

He was moving in a shaking cart, only dimly conscious.

Premikal se je v tresočem se vozičku, le megleno pri zavesti.

The sharp scream of a train whistle told Buck his location.

Oster krik vlakovne piščalke je Bucku povedal, kje je.

He had often ridden with the Judge and knew the feeling.

Pogosto je jahal s sodnikom in je poznal ta občutek.

It was the unique jolt of traveling in a baggage car again.

Spet je bil to edinstven sunek potovanja v prtljažnem vagonu.

Buck opened his eyes, and his gaze burned with rage.

Buck je odprl oči in njegov pogled je gorel od besa.

This was the anger of a proud king taken from his throne.

To je bila jeza ponosnega kralja, ki je bil odstavljen s prestola.

A man reached to grab him, but Buck struck first instead.

Moški je stegnil roko, da bi ga zgrabil, toda Buck je namesto tega udaril prvi.

He sank his teeth into the man's hand and held tightly.

Z zobmi se je zaril v moško roko in jo močno držal.

He did not let go until he blacked out a second time.

Ni ga izpustil, dokler ni drugič izgubil zavesti.

"Yep, has fits," the man muttered to the baggageman.

„Ja, ima krče," je moški zamrmral prtljagarju.

The baggageman had heard the struggle and come near.
Prtljažnik je slišal pretep in se je približal.
"I'm taking him to 'Frisco for the boss," the man explained.
»Peljem ga v 'Frisco k šefu,« je pojasnil moški.
"There's a fine dog-doctor there who says he can cure them."
"Tam je dober pasji zdravnik, ki pravi, da jih lahko ozdravi."
Later that night the man gave his own full account.
Kasneje tistega večera je moški podal svojo podrobno izjavo.
He spoke from a shed behind a saloon on the docks.
Govoril je iz lope za saloonom na pomolu.
"All I was given was fifty dollars," he complained to the saloon man.
»Dobil sem le petdeset dolarjev,« se je pritožil prodajalcu v saloonu.
"I wouldn't do it again, not even for a thousand in cold cash."
"Tega ne bi ponovil, niti za tisoč dolarjev v gotovini."
His right hand was tightly wrapped in a bloody cloth.
Njegova desna roka je bila tesno ovita v krvavo krpo.
His trouser leg was torn wide open from knee to foot.
Hlačnico je imel raztrgano od kolena do peta.
"How much did the other mug get paid?" asked the saloon man.
„Koliko je dobil drugi vrček?" je vprašal gostilničar.
"A hundred," the man replied, "he wouldn't take a cent less."
„Sto," je odgovoril moški, „ne bi vzel niti centa manj."
"That comes to a hundred and fifty," the saloon man said.
„To pride skupaj sto petdeset," je rekel gostilničar.
"And he's worth it all, or I'm no better than a blockhead."
"In vreden je vsega, sicer nisem nič boljši od bedaka."
The man opened the wrappings to examine his hand.
Moški je odprl ovoj, da bi si pregledal roko.
The hand was badly torn and crusted in dried blood.
Roka je bila hudo raztrgana in prekrita s posušeno krvjo.
"If I don't get the hydrophobia…" he began to say.
»Če ne dobim hidrofobije ...« je začel govoriti.

"It'll be because you were born to hang," came a laugh.

„To bo zato, ker si se rodil za obešanje," se je zaslišal smeh.

"Come help me out before you get going," he was asked.

„Pridi mi pomagat, preden greš," so ga prosili.

Buck was in a daze from the pain in his tongue and throat.

Buck je bil omamljen od bolečine v jeziku in grlu.

He was half-strangled, and could barely stand upright.

Bil je napol zadavljen in komaj je stal pokonci.

Still, Buck tried to face the men who had hurt him so.

Vseeno se je Buck poskušal soočiti z moškimi, ki so ga tako prizadeli.

But they threw him down and choked him once again.

Vendar so ga vrgli na tla in ga spet zadavili.

Only then could they saw off his heavy brass collar.

Šele takrat so mu lahko odžagali težko medeninasto ovratnico.

They removed the rope and shoved him into a crate.

Odstranili so vrv in ga potisnili v zaboj.

The crate was small and shaped like a rough iron cage.

Zaboj je bil majhen in oblikovan kot groba železna kletka.

Buck lay there all night, filled with wrath and wounded pride.

Buck je ležal tam vso noč, poln jeze in ranjenega ponosa.

He could not begin to understand what was happening to him.

Ni mogel začeti razumeti, kaj se mu dogaja.

Why were these strange men keeping him in this small crate?

Zakaj so ga ti čudni možje zadrževali v tej majhni kletki?

What did they want with him, and why this cruel captivity?

Kaj so hoteli od njega in zakaj to kruto ujetništvo?

He felt a dark pressure; a sense of disaster drawing closer.

Čutil je temen pritisk; občutek bližajoče se katastrofe.

It was a vague fear, but it settled heavily on his spirit.

Bil je nejasen strah, a močno ga je prizadel.

Several times he jumped up when the shed door rattled.

Nekajkrat je poskočil, ko so se vrata lope zatresla.

He expected the Judge or the boys to appear and rescue him.

Pričakoval je, da se bo pojavil sodnik ali fantje in ga rešili.
But only the saloon-keeper's fat face peeked inside each time.
A vsakič je noter pokukal le debeli obraz lastnika krčme.
The man's face was lit by the dim glow of a tallow candle.
Moški obraz je osvetljevala šibka svetloba lojne sveče.
Each time, Buck's joyful bark changed to a low, angry growl.
Vsakič se je Buckovo veselo lajanje spremenilo v tiho, jezno renčanje.

The saloon-keeper left him alone for the night in the crate
Lastnik saluna ga je pustil samega za noč v kletki.
But when he awoke in the morning more men were coming.
Ko pa se je zjutraj zbudil, je prihajalo še več mož.
Four men came and gingerly picked up the crate without a word.
Prišli so štirje moški in brez besed previdno pobrali zaboj.
Buck knew at once the situation he found himself in.
Buck je takoj vedel, v kakšnem položaju se je znašel.
They were further tormentors that he had to fight and fear.
Bili so nadaljnji mučitelji, s katerimi se je moral boriti in se jih bati.
These men looked wicked, ragged, and very badly groomed.
Ti moški so bili videti hudobni, razcapani in zelo slabo urejeni.
Buck snarled and lunged at them fiercely through the bars.
Buck je zarenčal in se srdito pognal vanje skozi rešetke.
They just laughed and jabbed at him with long wooden sticks.
Samo smejali so se in ga zbadali z dolgimi lesenimi palicami.
Buck bit at the sticks, then realized that was what they liked.
Buck je grizel palice, nato pa spoznal, da jim je to všeč.
So he lay down quietly, sullen and burning with quiet rage.
Tako je tiho legel, mrk in goreč od tihe jeze.
They lifted the crate into a wagon and drove away with him.
Zaboj so dvignili na voz in se z njim odpeljali.
The crate, with Buck locked inside, changed hands often.

Zaboj, v katerem je bil Buck zaklenjen, je pogosto menjal lastnika.

Express office clerks took charge and handled him briefly.

Uradniki ekspresne pisarne so prevzeli pobudo in ga na kratko obravnavali.

Then another wagon carried Buck across the noisy town.

Nato je Bucka čez hrupno mesto peljal še en voz.

A truck took him with boxes and parcels onto a ferry boat.

Tovornjak ga je skupaj s škatlami in paketi odpeljal na trajekt.

After crossing, the truck unloaded him at a rail depot.

Po prečkanju ceste ga je tovornjak raztovoril na železniški postaji.

At last, Buck was placed inside a waiting express car.

Končno so Bucka posadili v čakajoči ekspresni vagon.

For two days and nights, trains pulled the express car away.

Dva dni in noči so vlaki vlekli ekspresni vagon.

Buck neither ate nor drank during the whole painful journey.

Buck med celotno bolečo potjo ni ne jedel ne pil.

When the express messengers tried to approach him, he growled.

Ko so se mu hitri sli poskušali približati, je zarenčal.

They responded by mocking him and teasing him cruelly.

Odgovorili so tako, da so se mu posmehovali in ga kruto dražili.

Buck threw himself at the bars, foaming and shaking

Buck se je vrgel na rešetke, penil se je in tresel

they laughed loudly, and taunted him like schoolyard bullies.

Glasno so se smejali in se mu posmehovali kot šolski nasilneži.

They barked like fake dogs and flapped their arms.

Lajali so kot lažni psi in mahali z rokami.

They even crowed like roosters just to upset him more.

Celo peti so kot petelini, samo da bi ga še bolj razburili.

It was foolish behavior, and Buck knew it was ridiculous.

To je bilo neumno vedenje in Buck je vedel, da je smešno.

But that only deepened his sense of outrage and shame.

A to je le še poglobilo njegov občutek ogorčenja in sramu.

He was not bothered much by hunger during the trip.

Med potovanjem ga lakota ni preveč motila.

But thirst brought sharp pain and unbearable suffering.

Toda žeja je prinašala ostro bolečino in neznosno trpljenje.

His dry, inflamed throat and tongue burned with heat.

Suho, vneto grlo in jezik sta ga pekla od vročine.

This pain fed the fever rising within his proud body.

Ta bolečina je hranila vročino, ki je naraščala v njegovem ponosnem telesu.

Buck was thankful for one single thing during this trial.

Buck je bil med tem sojenjem hvaležen za eno samo stvar.

The rope had been removed from around his thick neck.

Vrv mu je bila odstranjena z debelega vratu.

The rope had given those men an unfair and cruel advantage.

Vrv je tem možem dala nepošteno in kruto prednost.

Now the rope was gone, and Buck swore it would never return.

Zdaj vrvi ni bilo več in Buck je prisegel, da se ne bo nikoli vrnila.

He resolved no rope would ever go around his neck again.

Odločil se je, da mu nobena vrv ne bo nikoli več ovila vratu.

For two long days and nights, he suffered without food.

Dva dolga dneva in noči je trpel brez hrane.

And in those hours, he built up an enormous rage inside.

In v teh urah je v sebi nabral ogromno besa.

His eyes turned bloodshot and wild from constant anger.

Njegove oči so od nenehne jeze postale krvave in divje.

He was no longer Buck, but a demon with snapping jaws.

Ni bil več Buck, temveč demon s šljaščečimi čeljustmi.

Even the Judge would not have known this mad creature.

Celo sodnik ne bi prepoznal tega norega bitja.

The express messengers sighed in relief when they reached Seattle

Hitri sli so si olajšano vzdihnili, ko so prispeli v Seattle

Four men lifted the crate and brought it to a back yard.

Štirje moški so dvignili zaboj in ga prinesli na dvorišče.

The yard was small, surrounded by high and solid walls.

Dvorišče je bilo majhno, obdano z visokimi in trdnimi zidovi.

A big man stepped out in a sagging red sweater shirt.

Ven je stopil velik moški v povešeni rdeči puloverski srajci.

He signed the delivery book with a thick and bold hand.

Z debelo in krepko roko se je podpisal v dobavnico.

Buck sensed at once that this man was his next tormentor.

Buck je takoj začutil, da je ta moški njegov naslednji mučitelj.

He lunged violently at the bars, eyes red with fury.

Z rdečimi od besa očmi se je silovito pognal proti rešetkam.

The man just smiled darkly and went to fetch a hatchet.

Moški se je le mračno nasmehnil in šel po sekiro.

He also brought a club in his thick and strong right hand.

V svoji debeli in močni desnici je prinesel tudi palico.

"You going to take him out now?" the driver asked, concerned.

„Ga boš zdaj peljal ven?" je zaskrbljeno vprašal voznik.

"Sure," said the man, jamming the hatchet into the crate as a lever.

„Seveda," je rekel moški in zataknil sekiro v zaboj kot vzvod.

The four men scattered instantly, jumping up onto the yard wall.

Štirje moški so se v trenutku razbežali in poskočili na dvoriščni zid.

From their safe spots above, they waited to watch the spectacle.

Z varnih mest zgoraj so čakali, da si ogledajo spektakel.

Buck lunged at the splintered wood, biting and shaking fiercely.

Buck se je pognal na razcepljen les, grizel in se silovito tresel.

Each time the hatchet hit the cage), Buck was there to attack it.

Vsakič, ko je sekira zadela kletko, jo je Buck napadel.

He growled and snapped with wild rage, eager to be set free.

Z divjo jezo je zarenčal in zagrizel, željan, da bi ga izpustili.

The man outside was calm and steady, intent on his task.

Moški zunaj je bil miren in stabilen, osredotočen na svojo nalogo.

"Right then, you red-eyed devil," he said when the hole was large.

„No, prav, ti rdečeoki hudiček," je rekel, ko je bila luknja velika.

He dropped the hatchet and took the club in his right hand.

Spustil je sekiro in v desno roko vzel palico.

Buck truly looked like a devil; eyes bloodshot and blazing.

Buck je bil resnično videti kot hudič; oči so bile krvave in so gorele.

His coat bristled, foam frothed at his mouth, eyes glinting.

Dlaka se mu je ježila, pena se mu je brizgala na usta, oči so se mu lesketale.

He bunched his muscles and sprang straight at the red sweater.

Napel je mišice in skočil naravnost proti rdečemu puloverju.

One hundred and forty pounds of fury flew at the calm man.

Sto štirideset funtov besa je poletelo na mirnega moža.

Just before his jaws clamped shut, a terrible blow struck him.

Tik preden so se mu čeljusti stisnile, ga je zadel grozen udarec.

His teeth snapped together on nothing but air

Zobje so mu švignili skupaj, ne da bi se dotaknili ničesar drugega kot zraka.

a jolt of pain reverberated through his body

sunek bolečine je odmeval po njegovem telesu

He flipped midair and crashed down on his back and side.

V zraku se je prevrnil in padel na hrbet in bok.

He had never before felt a club's blow and could not grasp it.

Še nikoli prej ni občutil udarca s palico in ga ni mogel dojeti.

With a shrieking snarl, part bark, part scream, he leaped again.

Z vriskajočim renčanjem, delno laježem, delno krikom, je spet skočil.

Another brutal strike hit him and hurled him to the ground.

Zadel ga je še en brutalen udarec in ga vrgel na tla.

This time Buck understood—it was the man's heavy club.

Tokrat je Buck razumel – bila je to moževa težka palica.

But rage blinded him, and he had no thought of retreat.

Toda bes ga je zaslepil in ni pomislil na umik.

Twelve times he launched himself, and twelve times he fell.

Dvanajstkrat se je pognal in dvanajstkrat je padel.

The wooden club smashed him each time with ruthless, crushing force.

Lesena palica ga je vsakič znova zdrobila z neusmiljeno, drobilno silo.

After one fierce blow, he staggered to his feet, dazed and slow.

Po enem samem silovitem udarcu se je opotekajoče postavil na noge, omamljen in počasen.

Blood ran from his mouth, his nose, and even his ears.

Kri mu je tekla iz ust, nosu in celo ušes.

His once-beautiful coat was smeared with bloody foam.

Njegov nekoč lepi plašč je bil premazan s krvavo peno.

Then the man stepped up and struck a wicked blow to the nose.

Nato je moški stopil naprej in ga hudo udaril v nos.

The agony was sharper than anything Buck had ever felt.

Bolečina je bila hujša od vsega, kar je Buck kdajkoli občutil.

With a roar more beast than dog, he leaped again to attack.

Z rjovenjem, bolj zverinskim kot pasjim, je znova skočil v napad.

But the man caught his lower jaw and twisted it backward.

Toda moški ga je zgrabil za spodnjo čeljust in jo zvil nazaj.

Buck flipped head over heels, crashing down hard again.

Buck se je prevrnil čez ušesa in spet močno padel.

One final time, Buck charged at him, now barely able to stand.

Še zadnjič se je Buck pognal vanj, komaj še stoj na nogah.

The man struck with expert timing, delivering the final blow.

Moški je udaril s strokovnim tempom in zadal zadnji udarec.

Buck collapsed in a heap, unconscious and unmoving.
Buck se je zgrudil na kup, nezavesten in negiben.

"He's no slouch at dog-breaking, that's what I say," a man yelled.
»Ni ravno slab pri krojenju psov, to pravim,« je zavpil moški.

"Druther can break the will of a hound any day of the week."
"Druther lahko zlomi voljo psa vsak dan v tednu."

"And twice on a Sunday!" added the driver.
„In dvakrat v nedeljo!" je dodal voznik.

He climbed into the wagon and cracked the reins to leave.
Zlezel je na voz in potegnil vajeti, da bi odpeljal.

Buck slowly regained control of his consciousness
Buck je počasi povrnil nadzor nad svojo zavestjo

but his body was still too weak and broken to move.
toda njegovo telo je bilo še vedno prešibko in zlomljeno, da bi se premaknilo.

He lay where he had fallen, watching the red-sweatered man.
Ležal je tam, kjer je padel, in opazoval moškega v rdečem puloverju.

"He answers to the name of Buck," the man said, reading aloud.
„Odziva se na ime Buck," je rekel moški in bral na glas.

He quoted from the note sent with Buck's crate and details.
Citiral je iz sporočila, poslanega z Buckovim zabojem, in podrobnosti.

"Well, Buck, my boy," the man continued with a friendly tone,
„No, Buck, fant moj," je moški nadaljeval s prijaznim tonom,

"we've had our little fight, and now it's over between us."
"Imela sva najin majhen prepir in zdaj je med nama konec."

"You've learned your place, and I've learned mine," he added.
„Spoznal si svoje mesto, jaz pa svoje," je dodal.

"Be good, and all will go well, and life will be pleasant."
"Bodi priden in vse bo dobro in življenje bo prijetno."

"But be bad, and I'll beat the stuffing out of you, understand?"

"Ampak bodi slab, pa te bom pretepel do smrti, razumeš?"

As he spoke, he reached out and patted Buck's sore head.

Medtem ko je govoril, je iztegnil roko in potrepljal Bucka po boleči glavi.

Buck's hair rose at the man's touch, but he didn't resist.

Bucku so se ob moškem dotiku dvignili lasje, a se ni upiral.

The man brought him water, which Buck drank in great gulps.

Mož mu je prinesel vodo, ki jo je Buck pil v velikih požirkih.

Then came raw meat, which Buck devoured chunk by chunk.

Nato je prišlo surovo meso, ki ga je Buck požrl kos za kosom.

He knew he was beaten, but he also knew he wasn't broken.

Vedel je, da je pretepen, a vedel je tudi, da ni zlomljen.

He had no chance against a man armed with a club.

Proti moškemu, oboroženemu s palico, ni imel nobene možnosti.

He had learned the truth, and he never forgot that lesson.

Spoznal je resnico in te lekcije ni nikoli pozabil.

That weapon was the beginning of law in Buck's new world.

To orožje je bilo začetek prava v Buckovem novem svetu.

It was the start of a harsh, primitive order he could not deny.

To je bil začetek surovega, primitivnega reda, ki ga ni mogel zanikati.

He accepted the truth; his wild instincts were now awake.

Sprejel je resnico; njegovi divji nagoni so se zdaj prebudili.

The world had grown harsher, but Buck faced it bravely.

Svet je postal krutejši, a Buck se je z njim pogumno soočil.

He met life with new caution, cunning, and quiet strength.

Življenje je srečal z novo previdnostjo, zvitostjo in tiho močjo.

More dogs arrived, tied in ropes or crates like Buck had been.

Prispelo je še več psov, privezanih v vrveh ali kletkah, kot so nekoč privezali Bucka.

Some dogs came calmly, others raged and fought like wild beasts.
Nekateri psi so prišli mirno, drugi so besneli in se borili kot divje zveri.

All of them were brought under the rule of the red-sweatered man.
Vsi so bili podrejeni vladavini moža v rdečem puloverju.

Each time, Buck watched and saw the same lesson unfold.
Buck je vsakič opazoval in videl, kako se odvija ista lekcija.

The man with the club was law; a master to be obeyed.
Mož s palico je bil zakon; gospodar, ki mu je bilo treba ubogati.

He did not need to be liked, but he had to be obeyed.
Ni mu bilo treba biti všečen, ampak ubogati ga je bilo treba.

Buck never fawned or wagged like the weaker dogs did.
Buck se ni nikoli prilizoval ali mahal z rokami, kot so to počeli šibkejši psi.

He saw dogs that were beaten and still licked the man's hand.
Videl je pretepene pse in še vedno lizal moževo roko.

He saw one dog who would not obey or submit at all.
Videl je psa, ki sploh ni ubogal ali se ni podredil.

That dog fought until he was killed in the battle for control.
Ta pes se je boril, dokler ni bil ubit v bitki za nadzor.

Strangers would sometimes come to see the red-sweatered man.
Včasih so k moškemu v rdečem puloverju prihajali neznanci.

They spoke in strange tones, pleading, bargaining, and laughing.
Govorili so s čudnimi toni, prosili, se pogajali in smejali.

When money was exchanged, they left with one or more dogs.
Ko so zamenjali denar, so odšli z enim ali več psi.

Buck wondered where these dogs went, for none ever returned.
Buck se je spraševal, kam so šli ti psi, saj se nobeden ni nikoli vrnil.

fear of the unknown filled Buck every time a strange man came

Strah od neznanega je Bucka preplavil vsakič, ko je prišel neznan moški.

he was glad each time another dog was taken, rather than himself.

Vsakič je bil vesel, ko so vzeli še enega psa, namesto sebe.

But finally, Buck's turn came with the arrival of a strange man.

Končno pa je prišel na vrsto tudi Buck s prihodom čudnega moškega.

He was small, wiry, and spoke in broken English and curses.

Bil je majhen, žilav in je govoril v polomljeni angleščini ter preklinjal.

"Sacredam!" he yelled when he laid eyes on Buck's frame.

„Sacredam!" je zavpil, ko je zagledal Buckovo postavo.

"That's one damn bully dog! Eh? How much?" he asked aloud.

„To je pa res prekleto pes, ki te je nagajiv! Kaj? Koliko?" je vprašal na glas.

"Three hundred, and he's a present at that price,"

"Tristo, pa je za to ceno darilo,"

"Since it's government money, you shouldn't complain, Perrault."

„Ker gre za državni denar, se ne bi smel pritoževati, Perrault."

Perrault grinned at the deal he had just made with the man.

Perrault se je zarežal ob dogovoru, ki ga je pravkar sklenil z moškim.

The price of dogs had soared due to the sudden demand.

Cena psov je zaradi nenadnega povpraševanja močno narasla.

Three hundred dollars wasn't unfair for such a fine beast.

Tristo dolarjev ni bilo nepošteno za tako fino zver.

The Canadian Government would not lose anything in the deal

Kanadska vlada s tem dogovorom ne bi izgubila ničesar.

Nor would their official dispatches be delayed in transit.

Prav tako se njihove uradne pošiljke ne bi zavlekle med prevozom.

Perrault knew dogs well, and could see Buck was something rare.

Perrault je dobro poznal pse in je videl, da je Buck nekaj redkega.

"One in ten ten-thousand," he thought, as he studied Buck's build.

„Eden od desetih deset tisoč," je pomislil, medtem ko je preučeval Buckovo postavo.

Buck saw the money change hands, but showed no surprise.

Buck je videl, kako je denar menjal lastnika, vendar ni pokazal nobenega presenečenja.

Soon he and Curly, a gentle Newfoundland, were led away.

Kmalu so njega in Kodrastija, nežnega novofundlandca, odpeljali stran.

They followed the little man from the red sweater's yard.

Sledili so možicu z dvorišča rdečega puloverja.

That was the last Buck ever saw of the man with the wooden club.

To je bil zadnjič, kar je Buck kdaj videl moža z leseno palico.

From the Narwhal's deck he watched Seattle fade into the distance.

Z Narwalove palube je opazoval, kako Seattle izginja v daljavi.

It was also the last time he ever saw the warm Southland.

To je bil tudi zadnjič, da je kdaj videl toplo Južno deželo.

Perrault took them below deck, and left them with François.

Perrault jih je odpeljal pod palubo in jih pustil pri Françoisu.

François was a black-faced giant with rough, calloused hands.

François je bil črnoličen velikan z grobimi, žuljastimi rokami.

He was dark and swarthy; a half-breed French-Canadian.

Bil je temnopolt in zagorel; mešanec Francosko-kanadskega porekla.

To Buck, these men were of a kind he had never seen before.

Bucku se je zdelo, da so ti možje takšni, kot jih še ni videl.

He would come to know many such men in the days ahead.

V prihodnjih dneh bo spoznal veliko takšnih mož.

He did not grow fond of them, but he came to respect them.

Ni jih imel rad, a jih je začel spoštovati.

They were fair and wise, and not easily fooled by any dog.

Bili so pošteni in modri ter jih noben pes ni zlahka prevaral.

They judged dogs calmly, and punished only when deserved.

Pse so sodili mirno in jih kaznovali le, če so si to zaslužili.

In the Narwhal's lower deck, Buck and Curly met two dogs.

V spodnji palubi Narvala sta Buck in Kodrasti srečala dva psa.

One was a large white dog from far-off, icy Spitzbergen.

Eden je bil velik beli pes iz oddaljenega, ledenega Spitzbergna.

He'd once sailed with a whaler and joined a survey group.

Nekoč je plul s kitolovcem in se pridružil raziskovalni skupini.

He was friendly in a sly, underhanded and crafty fashion.

Bil je prijazen na prebrisan, zahrbten in zvit način.

At their first meal, he stole a piece of meat from Buck's pan.

Pri prvem obroku je iz Buckove ponve ukradel kos mesa.

Buck jumped to punish him, but François's whip struck first.

Buck je skočil, da bi ga kaznoval, toda Françoisov bič je udaril prej.

The white thief yelped, and Buck reclaimed the stolen bone.

Beli tat je kriknil in Buck je dobil nazaj ukradeno kost.

That fairness impressed Buck, and François earned his respect.

Ta pravičnost je na Bucka naredila vtis in François si je prislužil njegovo spoštovanje.

The other dog gave no greeting, and wanted none in return.

Drugi pes ni pozdravil in ga ni hotel pozdraviti v zameno.

He didn't steal food, nor sniff at the new arrivals with interest.

Ni kradel hrane niti z zanimanjem ni vohal novih prišlekov.

This dog was grim and quiet, gloomy and slow-moving.

Ta pes je bil mračen in tih, mračen in počasen.

He warned Curly to stay away by simply glaring at her.

Kodrasti je opozoril, naj se drži stran, tako da jo je preprosto jezno pogledal.

His message was clear; leave me alone or there'll be trouble.
Njegovo sporočilo je bilo jasno; pustite me pri miru ali pa bodo težave.

He was called Dave, and he barely noticed his surroundings.
Klicali so ga Dave in komaj je opazil okolico.

He slept often, ate quietly, and yawned now and again.
Pogosto je spal, tiho jedel in občasno zazehal.

The ship hummed constantly with the beating propeller below.
Ladja je nenehno brnela, propeler spodaj pa je utripal.

Days passed with little change, but the weather got colder.
Dnevi so minevali brez večjih sprememb, a vreme je postajalo hladnejše.

Buck could feel it in his bones, and noticed the others did too.
Buck je to čutil v kosteh in opazil je, da tudi drugi.

Then one morning, the propeller stopped and all was still.
Nekega jutra se je propeler ustavil in vse je bilo tiho.

An energy swept through the ship; something had changed.
Ladjo je preplavila energija; nekaj se je spremenilo.

François came down, clipped them on leashes, and brought them up.
François je prišel dol, jih pripel na povodce in jih pripeljal gor.

Buck stepped out and found the ground soft, white, and cold.
Buck je stopil ven in ugotovil, da so tla mehka, bela in hladna.

He jumped back in alarm and snorted in total confusion.
Prestrašeno je odskočil in popolnoma zmedeno smrkal.

Strange white stuff was falling from the gray sky.
Z sivega neba je padala čudna bela snov.

He shook himself, but the white flakes kept landing on him.
Stresel se je, a beli kosmiči so kar naprej padali nanj.

He sniffed the white stuff carefully and licked at a few icy bits.

Previdno je povohal belo snov in polizal nekaj ledenih koščkov.

The powder burned like fire, then vanished right off his tongue.

Prah je pekel kot ogenj, nato pa je naravnost izginil z njegovega jezika.

Buck tried again, puzzled by the odd vanishing coldness.

Buck je poskusil znova, zmeden zaradi nenavadne izginjajoče hladnosti.

The men around him laughed, and Buck felt embarrassed.

Moški okoli njega so se zasmejali in Bucku je bilo nerodno.

He didn't know why, but he was ashamed of his reaction.

Ni vedel zakaj, a sramoval se je svoje reakcije.

It was his first experience with snow, and it confused him.

To je bila njegova prva izkušnja s snegom in to ga je zmedlo.

The Law of Club and Fang
Zakon kluba in očnjaka

Buck's first day on the Dyea beach felt like a terrible nightmare.
Buckov prvi dan na plaži Dyea se je zdel kot grozna nočna mora.

Each hour brought new shocks and unexpected changes for Buck.
Vsaka ura je Bucku prinesla nove presenečenja in nepričakovane spremembe.

He had been pulled from civilization and thrown into wild chaos.
Iz civilizacije so ga izvlekli in vrženi v divji kaos.

This was no sunny, lazy life with boredom and rest.
To ni bilo sončno, lenobno življenje z dolgčasom in počitkom.

There was no peace, no rest, and no moment without danger.
Ni bilo miru, počitka in trenutka brez nevarnosti.

Confusion ruled everything, and danger was always close.
Zmeda je vladala vsemu in nevarnost je bila vedno blizu.

Buck had to stay alert because these men and dogs were different.
Buck je moral ostati pozoren, ker so bili ti moški in psi drugačni.

They were not from towns; they were wild and without mercy.
Niso bili iz mest; bili so divji in brez milosti.

These men and dogs only knew the law of club and fang.
Ti možje in psi so poznali le zakon palice in zob.

Buck had never seen dogs fight like these savage huskies.
Buck še nikoli ni videl psov, ki bi se pretepali tako divji haskiji.

His first experience taught him a lesson he would never forget.
Njegova prva izkušnja ga je naučila lekcijo, ki je ne bo nikoli pozabil.

He was lucky it was not him, or he would have died too.
Imel je srečo, da ni bil on, sicer bi tudi on umrl.

Curly was the one who suffered while Buck watched and learned.
Kodrasti je bil tisti, ki je trpel, medtem ko je Buck opazoval in se učil.
They had made camp near a store built from logs.
Taborili so blizu trgovine, zgrajene iz hlodov.
Curly tried to be friendly to a large, wolf-like husky.
Kodrasti se je poskušal prijazno navezati na velikega, volku podobnega haskija.
The husky was smaller than Curly, but looked wild and mean.
Husky je bil manjši od Kodrastija, a je bil videti divji in zloben.
Without warning, he jumped and slashed her face open.
Brez opozorila je skočil in ji razprl obraz.
His teeth cut from her eye down to her jaw in one move.
Njegovi zobje so ji z enim samim gibom prerezali vse od očesa do čeljusti.
This was how wolves fought—hit fast and jump away.
Tako so se borili volkovi – hitro udarili in odskočili.
But there was more to learn than from that one attack.
Vendar se je iz tega napada dalo naučiti več kot le nekaj več.
Dozens of huskies rushed in and made a silent circle.
Na ducate haskijev je prihitelo in naredilo tihi krog.
They watched closely and licked their lips with hunger.
Pozorno so opazovali in si od lakote oblizovali ustnice.
Buck didn't understand their silence or their eager eyes.
Buck ni razumel njihove tišine ali njihovih nestrpnih pogledov.
Curly rushed to attack the husky a second time.
Kodrasti je drugič planil na haskija.
He used his chest to knock her over with a strong move.
S prsmi jo je z močnim gibom podrl.
She fell on her side and could not get back up.
Padla je na bok in se ni mogla več pobrati.
That was what the others had been waiting for all along.
To so ostali ves čas čakali.

The huskies jumped on her, yelping and snarling in a frenzy.
Haskiji so skočili nanjo, besno cvilili in renčali.
She screamed as they buried her under a pile of dogs.
Kričala je, ko so jo pokopali pod kupom psov.
The attack was so fast that Buck froze in place with shock.
Napad je bil tako hiter, da je Buck od šoka otrpnil na mestu.
He saw Spitz stick out his tongue in a way that looked like a laugh.
Videl je, kako je Spitz pomolil jezik na način, ki je bil videti kot smeh.
François grabbed an axe and ran straight into the group of dogs.
François je zgrabil sekiro in stekel naravnost v skupino psov.
Three other men used clubs to help beat the huskies away.
Trije drugi moški so s palicami pomagali pregnati haskije.
In just two minutes, the fight was over and the dogs were gone.
V samo dveh minutah je bil boj končan in psi so izginili.
Curly lay dead in the red, trampled snow, her body torn apart.
Kodrasti je ležala mrtva v rdečem, poteptanem snegu, njeno telo je bilo raztrgano.
A dark-skinned man stood over her, cursing the brutal scene.
Nad njo je stal temnopolti moški in preklinjal brutalni prizor.
The memory stayed with Buck and haunted his dreams at night.
Spomin je ostal z Buckom in ga ponoči preganjal v sanjah.
That was the way here; no fairness, no second chance.
Tako je bilo tukaj; brez pravičnosti ni druge priložnosti.
Once a dog fell, the others would kill without mercy.
Ko je pes padel, so ga drugi ubili brez milosti.
Buck decided then that he would never allow himself to fall.
Buck se je takrat odločil, da si nikoli ne bo dovolil pasti.
Spitz stuck out his tongue again and laughed at the blood.
Spitz je spet pomolil jezik in se zasmejal krvi.

From that moment on, Buck hated Spitz with all his heart.
Od tistega trenutka naprej je Buck Spitza sovražil z vsem srcem.

Before Buck could recover from Curly's death, something new happened.
Preden si je Buck lahko opomogel od Kodrastijeve smrti, se je zgodilo nekaj novega.

François came over and strapped something around Buck's body.
François je prišel in nekaj opasal okoli Buckovega telesa.

It was a harness like the ones used on horses at the ranch.
Bil je oprsnik, podoben tistim, ki jih uporabljajo za konje na ranču.

As Buck had seen horses work, now he was made to work too.
Kakor je Buck videl konje delati, je bil zdaj tudi on prisiljen delati.

He had to pull François on a sled into the forest nearby.
Françoisa je moral na sankah vleči v bližnji gozd.

Then he had to pull back a load of heavy firewood.
Potem je moral odvleči nazaj kup težkih drv.

Buck was proud, so it hurt him to be treated like a work animal.
Buck je bil ponosen, zato ga je bolelo, da so z njim ravnali kot z delovno živaljo.

But he was wise and didn't try to fight the new situation.
Vendar je bil moder in se ni poskušal boriti proti novim razmeram.

He accepted his new life and gave his best in every task.
Sprejel je svoje novo življenje in pri vsaki nalogi dal vse od sebe.

Everything about the work was strange and unfamiliar to him.
Vse pri delu mu je bilo čudno in neznano.

François was strict and demanded obedience without delay.
François je bil strog in je zahteval poslušnost brez odlašanja.

His whip made sure that every command was followed at once.

Njegov bič je poskrbel, da je bil vsak ukaz izveden hkrati.

Dave was the wheeler, the dog nearest the sled behind Buck.

Dave je bil voznik, pes, ki je bil najbližje sani za Buckom.

Dave bit Buck on the back legs if he made a mistake.

Dave je ugriznil Bucka v zadnje noge, če je naredil napako.

Spitz was the lead dog, skilled and experienced in the role.

Špic je bil vodilni pes, spreten in izkušen v tej vlogi.

Spitz could not reach Buck easily, but still corrected him.

Spitz ni mogel zlahka doseči Bucka, a ga je vseeno popravil.

He growled harshly or pulled the sled in ways that taught Buck.

Ostro je renčal ali vlekel sani na načine, ki so Bucka učili.

Under this training, Buck learned faster than any of them expected.

Med tem usposabljanjem se je Buck učil hitreje, kot je kdorkoli od njih pričakoval.

He worked hard and learned from both François and the other dogs.

Trdo je delal in se učil tako od Françoisa kot od drugih psov.

By the time they returned, Buck already knew the key commands.

Ko so se vrnili, je Buck že poznal ključne ukaze.

He learned to stop at the sound of "ho" from François.

Naučil se je ustaviti ob zvoku »ho«, ki ga je zaslišal François.

He learned when he had to pull the sled and run.

Naučil se je, kdaj je moral vleči sani in teči.

He learned to turn wide at bends in the trail without trouble.

Naučil se je brez težav široko zavijati v ovinkih poti.

He also learned to avoid Dave when the sled went downhill fast.

Naučil se je tudi izogibati Daveu, ko so se sani hitro spuščale navzdol.

"They're very good dogs," François proudly told Perrault.

»Zelo dobri psi so,« je François ponosno povedal Perraultu.

"That Buck pulls like hell — I teach him quick as anything."

„Ta Buck vleče kot hudič – naučim ga kar hitro."

Later that day, Perrault came back with two more husky dogs.
Kasneje tistega dne se je Perrault vrnil z dvema haskijema.
Their names were Billee and Joe, and they were brothers.
Imena sta bila Billee in Joe, in bila sta brata.
They came from the same mother, but were not alike at all.
Prihajala sta od iste matere, vendar si sploh nista bila podobna.
Billee was sweet-natured and too friendly with everyone.
Billee je bila dobrodušna in preveč prijazna do vseh.
Joe was the opposite – quiet, angry, and always snarling.
Joe je bil ravno nasprotje – tih, jezen in vedno renčal.
Buck greeted them in a friendly way and was calm with both.
Buck ju je prijazno pozdravil in bil z obema miren.
Dave paid no attention to them and stayed silent as usual.
Dave se ni zmenil zanje in je kot ponavadi molčal.
Spitz attacked first Billee, then Joe, to show his dominance.
Spitz je najprej napadel Billeeja, nato pa Joeja, da bi pokazal svojo prevlado.
Billee wagged his tail and tried to be friendly to Spitz.
Billee je mahal z repom in se poskušal prijazno navezati na Spitz.
When that didn't work, he tried to run away instead.
Ko to ni delovalo, je raje poskušal pobegniti.
He cried sadly when Spitz bit him hard on the side.
Žalostno je zajokal, ko ga je Spitz močno ugriznil v bok.
But Joe was very different and refused to be bullied.
Toda Joe je bil zelo drugačen in se ni pustil ustrahovati.
Every time Spitz came near, Joe spun to face him fast.
Vsakič, ko se je Spitz približal, se je Joe hitro obrnil proti njemu.
His fur bristled, his lips curled, and his teeth snapped wildly.

Dlaka se mu je naježila, ustnice so se mu zvile, zobje pa divje škripali.

Joe's eyes gleamed with fear and rage, daring Spitz to strike.

Joejeve oči so se lesketale od strahu in besa, saj je Spitza izzival, naj udari.

Spitz gave up the fight and turned away, humiliated and angry.

Spitz je obupal nad bojem in se obrnil stran, ponižan in jezen.

He took out his frustration on poor Billee and chased him away.

Svojo frustracijo je stresel na ubogem Billeeju in ga pregnal.

That evening, Perrault added one more dog to the team.

Tistega večera je Perrault ekipi dodal še enega psa.

This dog was old, lean, and covered in battle scars.

Ta pes je bil star, suh in prekrit z bojnimi brazgotinami.

One of his eyes was missing, but the other flashed with power.

Eno oko mu je manjkalo, drugo pa je močno žarelo.

The new dog's name was Solleks, which meant the Angry One.

Ime novega psa je bilo Solleks, kar je pomenilo Jezni.

Like Dave, Solleks asked nothing from others, and gave nothing back.

Tako kot Dave tudi Solleks ni od drugih ničesar zahteval in ničesar ni dal v zameno.

When Solleks walked slowly into camp, even Spitz stayed away.

Ko je Solleks počasi vstopil v tabor, se je celo Spitz umaknil.

He had a strange habit that Buck was unlucky to discover.

Imel je čudno navado, ki jo Buck ni imel sreče odkriti.

Solleks hated being approached on the side where he was blind.

Solleks je sovražil, da so se mu približevali s strani, kjer je bil slep.

Buck did not know this and made that mistake by accident.

Buck tega ni vedel in je to napako naredil po nesreči.

Solleks spun around and slashed Buck's shoulder deep and fast.

Solleks se je obrnil in Bucka hitro ter globoko udaril v ramo.

From that moment on, Buck never came near Solleks' blind side.

Od tistega trenutka naprej se Buck ni nikoli več približal Solleksovi slepi strani.

They never had trouble again for the rest of their time together.

Do konca skupnega časa nista imela nikoli več težav.

Solleks wanted only to be left alone, like quiet Dave.

Solleks si je želel le, da bi ga pustili pri miru, kot tihi Dave.

But Buck would later learn they each had another secret goal.

Toda Buck je kasneje izvedel, da imata vsak še en skriti cilj.

That night Buck faced a new and troubling challenge—how to sleep.

Tisto noč se je Buck soočil z novim in mučnim izzivom – kako spati.

The tent glowed warmly with candlelight in the snowy field.

Šotor je toplo žarel v svetlobi sveč na zasneženem polju.

Buck walked inside, thinking he could rest there like before.

Buck je vstopil in si mislil, da se bo tam lahko spočil kot prej.

But Perrault and François yelled at him and threw pans.

Toda Perrault in François sta kričala nanj in metala ponve.

Shocked and confused, Buck ran out into the freezing cold.

Šokiran in zmeden je Buck stekel ven v ledeno mrzlo vodo.

A bitter wind stung his wounded shoulder and froze his paws.

Oster veter mu je pičil v ranjeno ramo in mu ozebelil šape.

He lay down in the snow and tried to sleep out in the open.

Legel je v sneg in poskušal spati zunaj na prostem.

But the cold soon forced him to get back up, shaking badly.

Toda mraz ga je kmalu prisilil, da je spet vstal, močno se je tresel.

He wandered through the camp, trying to find a warmer spot.

Sprehajal se je po taboru in iskal toplejši kotiček.

But every corner was just as cold as the one before.

A vsak kotiček je bil prav tako hladen kot prejšnji.

Sometimes savage dogs jumped at him from the darkness.

Včasih so nanj iz teme skakali divji psi.

Buck bristled his fur, bared his teeth, and snarled with warning.

Buck se je naježil, pokazal zobe in svarilno zarenčal.

He was learning fast, and the other dogs backed off quickly.

Hitro se je učil, drugi psi pa so se hitro umaknili.

Still, he had no place to sleep, and no idea what to do.

Kljub temu ni imel kje spati in ni vedel, kaj naj stori.

At last, a thought came to him—check on his team-mates.

Končno se mu je porodila misel – preveriti, kako so njegovi soigralci.

He returned to their area and was surprised to find them gone.

Vrnil se je na njihovo območje in bil presenečen, ko jih ni več.

Again he searched the camp, but still could not find them.

Ponovno je preiskal tabor, a jih še vedno ni mogel najti.

He knew they could not be in the tent, or he would be too.

Vedel je, da ne smejo biti v šotoru, sicer bi bil tudi on.

So where had all the dogs gone in this frozen camp?

Kam so torej šli vsi psi v tem zamrznjenem taboru?

Buck, cold and miserable, slowly circled around the tent.

Buck, premražen in nesrečen, je počasi krožil okoli šotora.

Suddenly, his front legs sank into soft snow and startled him.

Nenadoma so se mu sprednje noge pogreznile v mehak sneg in ga prestrašile.

Something wriggled under his feet, and he jumped back in fear.

Nekaj se mu je zvilo pod nogami in od strahu je odskočil nazaj.

He growled and snarled, not knowing what lay beneath the snow.

Rjovel je in renčal, ne da bi vedel, kaj se skriva pod snegom.

Then he heard a friendly little bark that eased his fear.
Nato je zaslišal prijazno tiho lajanje, ki je pomirilo njegov strah.

He sniffed the air and came closer to see what was hidden.
Povohal je zrak in se približal, da bi videl, kaj se skriva.

Under the snow, curled into a warm ball, was little Billee.
Pod snegom, zvita v toplo klobčič, je bila mala Billee.

Billee wagged his tail and licked Buck's face to greet him.
Billee je mahal z repom in Bucku v pozdrav polizal obraz.

Buck saw how Billee had made a sleeping place in the snow.
Buck je videl, kako si je Billee v snegu naredila spalno mesto.

He had dug down and used his own heat to stay warm.
Izkopal se je in uporabljal lastno toploto, da se je ogrel.

Buck had learned another lesson—this was how the dogs slept.
Buck se je naučil še ene lekcije – tako so spali psi.

He picked a spot and started digging his own hole in the snow.
Izbral si je mesto in začel kopati svojo luknjo v snegu.

At first, he moved around too much and wasted energy.
Sprva se je preveč gibal in zapravljal energijo.

But soon his body warmed the space, and he felt safe.
Toda kmalu je njegovo telo ogrelo prostor in počutil se je varnega.

He curled up tightly, and before long he was fast asleep.
Tesno se je zvil in kmalu je trdno zaspal.

The day had been long and hard, and Buck was exhausted.
Dan je bil dolg in naporen, Buck pa je bil izčrpan.

He slept deeply and comfortably, though his dreams were wild.
Spal je trdno in udobno, čeprav so bile njegove sanje divje.

He growled and barked in his sleep, twisting as he dreamed.
V spanju je renčal in lajal, se zvijal, ko je sanjal.

Buck didn't wake up until the camp was already coming to life.
Buck se ni zbudil, dokler se tabor že ni začel prebujati.

At first, he didn't know where he was or what had happened.

Sprva ni vedel, kje je ali kaj se je zgodilo.

Snow had fallen overnight and completely buried his body.

Ponoči je zapadel sneg in njegovo truplo popolnoma pokopal.

The snow pressed in around him, tight on all sides.

Sneg ga je tesno pritiskal okoli njega z vseh strani.

Suddenly a wave of fear rushed through Buck's entire body.

Nenadoma je Bucka preplavil val strahu.

It was the fear of being trapped, a fear from deep instincts.

Bil je strah pred ujetostjo, strah, ki je izhajal iz globokih nagonov.

Though he had never seen a trap, the fear lived inside him.

Čeprav še nikoli ni videl pasti, je strah živel v njem.

He was a tame dog, but now his old wild instincts were waking.

Bil je ukročen pes, a zdaj so se v njem prebujali stari divji nagoni.

Buck's muscles tensed, and his fur stood up all over his back.

Buckove mišice so se napele in dlaka se mu je postavila naježiti po vsem hrbtu.

He snarled fiercely and sprang straight up through the snow.

Divje je zarenčal in skočil naravnost skozi sneg.

Snow flew in every direction as he burst into the daylight.

Sneg je letel na vse strani, ko je prihitel na dnevno svetlobo.

Even before landing, Buck saw the camp spread out before him.

Še pred pristankom je Buck videl tabor, ki se je razprostiral pred njim.

He remembered everything from the day before, all at once.

Vsega od prejšnjega dne se je spomnil naenkrat.

He remembered strolling with Manuel and ending up in this place.

Spomnil se je sprehoda z Manuelom in kako je končal na tem mestu.

He remembered digging the hole and falling asleep in the cold.

Spomnil se je, kako je izkopal luknjo in zaspal v mrazu.

Now he was awake, and the wild world around him was clear.

Zdaj je bil buden in divji svet okoli njega je bil jasen.

A shout from François hailed Buck's sudden appearance.

François je vzkliknil in pozdravil Buckov nenadni pojav.

"What did I say?" the dog-driver cried loudly to Perrault.

„Kaj sem rekel?" je voznik psa glasno zavpil Perraultu.

"That Buck for sure learns quick as anything," François added.

„Ta Buck se res hitro uči," je dodal François.

Perrault nodded gravely, clearly pleased with the result.

Perrault je resno prikimal, očitno zadovoljen z rezultatom.

As a courier for the Canadian Government, he carried dispatches.

Kot kurir za kanadsko vlado je prenašal depeše.

He was eager to find the best dogs for his important mission.

Želel si je najti najboljše pse za svojo pomembno misijo.

He felt especially pleased now that Buck was part of the team.

Še posebej zadovoljen je bil zdaj, ko je bil Buck del ekipe.

Three more huskies were added to the team within an hour.

V eni uri so ekipi dodali še tri haskije.

That brought the total number of dogs on the team to nine.

S tem se je skupno število psov v ekipi povečalo na devet.

Within fifteen minutes all the dogs were in their harnesses.

V petnajstih minutah so bili vsi psi v oprsnicah.

The sled team was swinging up the trail toward Dyea Cañon.

Sankaška vprega se je vzpenjala po poti proti kanjonu Dyea.

Buck felt glad to be leaving, even if the work ahead was hard.

Buck je bil vesel, da odhaja, četudi je bilo delo pred njim težko.

He found he did not particularly despise the labor or the cold.

Ugotovil je, da ne prezira dela ali mraza.

He was surprised by the eagerness that filled the whole team.

Presenetilo ga je navdušenje, ki je preplavilo celotno ekipo.

Even more surprising was the change that had come over Dave and Solleks.

Še bolj presenetljiva je bila sprememba, ki se je zgodila Daveu in Solleksu.

These two dogs were entirely different when they were harnessed.

Ta dva psa sta bila popolnoma različna, ko sta bila vprežena.

Their passiveness and lack of concern had completely disappeared.

Njihova pasivnost in pomanjkanje skrbi sta popolnoma izginili.

They were alert and active, and eager to do their work well.

Bili so pozorni in aktivni ter so želeli dobro opraviti svoje delo.

They grew fiercely irritated at anything that caused delay or confusion.

Postali so hudo razdraženi zaradi vsega, kar je povzročalo zamudo ali zmedo.

The hard work on the reins was the center of their entire being.

Trdo delo na vajetih je bilo središče njihovega celotnega bitja.

Sled pulling seemed to be the only thing they truly enjoyed.

Zdelo se je, da je vleka sani edina stvar, v kateri so resnično uživali.

Dave was at the back of the group, closest to the sled itself.

Dave je bil na zadnjem delu skupine, najbližje sani.

Buck was placed in front of Dave, and Solleks pulled ahead of Buck.

Buck je bil postavljen pred Davea, Solleks pa je prevzel Bucka.

The rest of the dogs were strung out ahead in a single file.

Ostali psi so bili razporejeni naprej v vrsti po eno.

The lead position at the front was filled by Spitz.

Vodilni položaj na čelu je zasedel Spitz.

Buck had been placed between Dave and Solleks for instruction.
Bucka so zaradi navodil postavili med Davea in Solleksa.
He was a quick learner, and they were firm and capable teachers.
Hitro se je učil, učitelja pa sta bila odločna in sposobna.
They never allowed Buck to remain in error for long.
Nikoli niso dovolili, da bi Buck dolgo ostal v zmoti.
They taught their lessons with sharp teeth when needed.
Po potrebi so svoje lekcije učili z ostrimi zobmi.
Dave was fair and showed a quiet, serious kind of wisdom.
Dave je bil pravičen in je kazal tiho, resno modrost.
He never bit Buck without a good reason to do so.
Nikoli ni ugriznil Bucka brez tehtnega razloga za to.
But he never failed to bite when Buck needed correction.
Ampak nikoli ni opustil ugriza, ko je Bucka treba popraviti.
François's whip was always ready and backed up their authority.
Françoisov bič je bil vedno pripravljen in je podpiral njihovo avtoriteto.
Buck soon found it was better to obey than to fight back.
Buck je kmalu ugotovil, da je bolje ubogati kot pa se braniti.
Once, during a short rest, Buck got tangled in the reins.
Nekoč se je Buck med kratkim počitkom zapletel v vajeti.
He delayed the start and confused the team's movement.
Zavlekel je začetek in zmedel gibanje ekipe.
Dave and Solleks flew at him and gave him a rough beating.
Dave in Solleks sta se nanj pognala in ga hudo pretepla.
The tangle only got worse, but Buck learned his lesson well.
Zaplet se je samo še poslabšal, a Buck se je dobro naučil lekcije.
From then on, he kept the reins taut, and worked carefully.
Od takrat naprej je vajeti držal napete in delal previdno.
Before the day ended, Buck had mastered much of his task.
Pred koncem dneva je Buck obvladal večino svoje naloge.
His teammates almost stopped correcting or biting him.
Njegovi soigralci so ga skoraj nehali popravljati ali grizeti.

François's whip cracked through the air less and less often.
Françoisov bič je vedno redkeje pokal po zraku.
Perrault even lifted Buck's feet and carefully examined each paw.
Perrault je celo dvignil Buckove noge in skrbno pregledal vsako šapo.
It had been a hard day's run, long and exhausting for them all.
Bil je naporen dan teka, dolg in naporen za vse.
They travelled up the Cañon, through Sheep Camp, and past the Scales.
Potovali so po kanjonu navzgor, skozi Ovčji tabor in mimo Tehtnic.
They crossed the timber line, then glaciers and snowdrifts many feet deep.
Prečkali so gozdno mejo, nato ledenike in snežne zamete, globoke več metrov.
They climbed the great cold and forbidding Chilkoot Divide.
Preplezali so veliko mrzlo in prepovedno pregrado Chilkoot.
That high ridge stood between salt water and the frozen interior.
Ta visoki greben je stal med slano vodo in zamrznjeno notranjostjo.
The mountains guarded the sad and lonely North with ice and steep climbs.
Gore so z ledom in strmimi vzponi varovale žalosten in osamljen Sever.
They made good time down a long chain of lakes below the divide.
Dobro so se spustili po dolgi verigi jezer pod razvodjem.
Those lakes filled the ancient craters of extinct volcanoes.
Ta jezera so zapolnila starodavne kraterje ugaslih vulkanov.
Late that night, they reached a large camp at Lake Bennett.
Pozno tisto noč so prispeli do velikega tabora ob jezeru Bennett.

Thousands of gold seekers were there, building boats for spring.
Tam je bilo na tisoče iskalcev zlata, ki so gradili čolne za pomlad.

The ice was going break up soon, and they had to be ready.
Led se bo kmalu stopil in morali so biti pripravljeni.

Buck dug his hole in the snow and fell into a deep sleep.
Buck si je izkopal luknjo v snegu in trdno zaspal.

He slept like a working man, exhausted from the harsh day of toil.
Spal je kot delavec, izčrpan od napornega dneva dela.

But too early in the darkness, he was dragged from sleep.
Toda prezgodaj v temi so ga zbudili iz spanca.

He was harnessed with his mates again and attached to the sled.
Ponovno so ga vpregli skupaj s tovariši in ga privezali na sani.

That day they made forty miles, because the snow was well trodden.
Tisti dan so prevozili štirideset milj, ker je bil sneg dobro uhojen.

The next day, and for many days after, the snow was soft.
Naslednji dan in še mnogo dni zatem je bil sneg mehak.

They had to make the path themselves, working harder and moving slower.
Pot so si morali utreti sami, pri čemer so delali bolj intenzivno in se premikali počasneje.

Usually, Perrault walked ahead of the team with webbed snowshoes.
Običajno je Perrault hodil pred ekipo s krpljami, prepletenimi s plavalno mrežo.

His steps packed the snow, making it easier for the sled to move.
Njegovi koraki so zbili sneg, zaradi česar so se sani lažje premikale.

François, who steered from the gee-pole, sometimes took over.

François, ki je krmaril z merilnega droga, je včasih prevzel krmilo.

But it was rare that François took the lead

A François je le redko prevzel vodstvo.

because Perrault was in a rush to deliver the letters and parcels.

ker se je Perraultu mudilo z dostavo pisem in paketov.

Perrault was proud of his knowledge of snow, and especially ice.

Perrault je bil ponosen na svoje znanje o snegu, še posebej o ledu.

That knowledge was essential, because fall ice was dangerously thin.

To znanje je bilo bistveno, saj je bil jesenski led nevarno tanek.

Where water flowed fast beneath the surface, there was no ice at all.

Kjer je voda pod površino hitro tekla, ledu sploh ni bilo.

Day after day, the same routine repeated without end.

Dan za dnem se je ista rutina ponavljala brez konca.

Buck toiled endlessly in the reins from dawn until night.

Buck se je od zore do noči neskončno trudil z vajeti.

They left camp in the dark, long before the sun had risen.

Tabor so zapustili v temi, veliko preden je sonce vzšlo.

By the time daylight came, many miles were already behind them.

Ko se je zdanilo, je bilo za njimi že veliko kilometrov.

They pitched camp after dark, eating fish and burrowing into snow.

Tabor so postavili po temi, jedli ribe in se zakopali v sneg.

Buck was always hungry and never truly satisfied with his ration.

Buck je bil vedno lačen in nikoli zares zadovoljen s svojim obrokom.

He received a pound and a half of dried salmon each day.

Vsak dan je prejel funt in pol posušenega lososa.

But the food seemed to vanish inside him, leaving hunger behind.
A zdelo se je, da hrana v njem izgine in za seboj pusti lakoto.

He suffered from constant pangs of hunger, and dreamed of more food.
Trpel je zaradi nenehnih napadov lakote in sanjal je o več hrane.

The other dogs got only one pound of food, but they stayed strong.
Drugi psi so dobili le pol kilograma hrane, vendar so ostali močni.

They were smaller, and had been born into the northern life.
Bili so manjši in so se rodili v severnem načinu življenja.

He swiftly lost the fastidiousness which had marked his old life.
Hitro je izgubil pedantnost, ki je zaznamovala njegovo prejšnje življenje.

He had been a dainty eater, but now that was no longer possible.
Bil je slasten jedec, zdaj pa to ni bilo več mogoče.

His mates finished first and robbed him of his unfinished ration.
Njegovi prijatelji so prvi končali in ga oropali njegovega neporabljenega obroka.

Once they began there was no way to defend his food from them.
Ko so enkrat začeli, ni bilo več načina, da bi pred njimi ubranil svoje hrane.

While he fought off two or three dogs, the others stole the rest.
Medtem ko se je boril z dvema ali tremi psi, so drugi ukradli preostale.

To fix this, he began eating as fast as the others ate.
Da bi to popravil, je začel jesti tako hitro kot drugi.

Hunger pushed him so hard that he even took food not his own.

Lakota ga je tako močno gnala, da je jedel celo hrano, ki ni bila njegova.

He watched the others and learned quickly from their actions.

Opazoval je druge in se iz njihovih dejanj hitro učil.

He saw Pike, a new dog, steal a slice of bacon from Perrault.

Videl je Pikea, novega psa, kako je Perraultu ukradel rezino slanine.

Pike had waited until Perrault's back was turned to steal the bacon.

Pike je počakal, da se Perrault obrne proti njemu, preden mu je ukradel slanino.

The next day, Buck copied Pike and stole the whole chunk.

Naslednji dan je Buck kopiral Pikea in ukradel celoten kos.

A great uproar followed, but Buck was not suspected.

Sledil je velik hrup, a Bucka nihče ni sumil.

Dub, a clumsy dog who always got caught, was punished instead.

Namesto tega je bil kaznovan Dub, neroden pes, ki se je vedno pustil ujeti.

That first theft marked Buck as a dog fit to survive the North.

Ta prva tatvina je Bucka označila za psa, primernega za preživetje na severu.

He showed he could adapt to new conditions and learn quickly.

Pokazal je, da se zna hitro prilagajati novim razmeram in se učiti.

Without such adaptability, he would have died swiftly and badly.

Brez takšne prilagodljivosti bi hitro in hudo umrl.

It also marked the breakdown of his moral nature and past values.

To je zaznamovalo tudi zlom njegove moralne narave in preteklih vrednot.

In the Southland, he had lived under the law of love and kindness.

V Južni deželi je živel po zakonu ljubezni in prijaznosti.

There it made sense to respect property and other dogs' feelings.

Tam je bilo smiselno spoštovati lastnino in čustva drugih psov.

But the Northland followed the law of club and the law of fang.

Toda Severnjaki so sledili zakonu palice in zakonu zob.

Whoever respected old values here was foolish and would fail.

Kdorkoli je tukaj spoštoval stare vrednote, je bil neumen in bi propadel.

Buck did not reason all this out in his mind.

Buck si ni vsega tega premislil.

He was fit, and so he adjusted without needing to think.

Bil je v formi, zato se je prilagodil, ne da bi moral razmišljati.

All his life, he had never run away from a fight.

Vse življenje ni nikoli pobegnil pred pretepom.

But the wooden club of the man in the red sweater changed that rule.

Toda lesena palica moškega v rdečem puloverju je to pravilo spremenila.

Now he followed a deeper, older code written into his being.

Zdaj je sledil globlji, starejši kodi, vpisani v njegovo bitje.

He did not steal out of pleasure, but from the pain of hunger.

Ni kradel iz užitka, ampak iz bolečine lakote.

He never robbed openly, but stole with cunning and care.

Nikoli ni odkrito ropal, ampak je kradel zvito in previdno.

He acted out of respect for the wooden club and fear of the fang.

Ravnal je iz spoštovanja do lesene palice in strahu pred očnjakom.

In short, he did what was easier and safer than not doing it.

Skratka, naredil je tisto, kar je bilo lažje in varneje kot pa da tega ne stori.

His development—or perhaps his return to old instincts— was fast.

Njegov razvoj – ali morda njegova vrnitev k starim nagonom – je bil hiter.

His muscles hardened until they felt as strong as iron.

Njegove mišice so se otrdele, dokler niso bile močne kot železo.

He no longer cared about pain, unless it was serious.

Bolečina ga ni več zanimala, razen če je bila resna.

He became efficient inside and out, wasting nothing at all.

Postal je učinkovit znotraj in zunaj, pri čemer ni zapravljal ničesar.

He could eat things that were vile, rotten, or hard to digest.

Lahko je jedel stvari, ki so bile gnusne, gnile ali težko prebavljive.

Whatever he ate, his stomach used every last bit of value.

Karkoli je pojedel, je njegov želodec porabil vse, kar je bilo dragoceno.

His blood carried the nutrients far through his powerful body.

Njegova kri je hranila prenašala daleč po njegovem močnem telesu.

This built strong tissues that gave him incredible endurance.

To je zgradilo močna tkiva, ki so mu dala neverjetno vzdržljivost.

His sight and smell became much more sensitive than before.

Njegov vid in voh sta postala veliko bolj občutljiva kot prej.

His hearing grew so sharp he could detect faint sounds in sleep.

Njegov sluh se je tako izostril, da je lahko med spanjem zaznal rahle zvoke.

He knew in his dreams whether the sounds meant safety or danger.

V sanjah je vedel, ali zvoki pomenijo varnost ali nevarnost.

He learned to bite the ice between his toes with his teeth.

Naučil se je z zobmi grizeti led med prsti na nogah.

If a water hole froze over, he would break the ice with his legs.

Če je vodna luknja zamrznila, je led prebil z nogami.

He reared up and struck the ice hard with stiff front limbs.

Dvignil se je na zadnje noge in s trdimi sprednjimi okončinami močno udaril ob led.

His most striking ability was predicting wind changes overnight.

Njegova najbolj presenetljiva sposobnost je bila napovedovanje sprememb vetra čez noč.

Even when the air was still, he chose spots sheltered from wind.

Tudi ko je bil zrak miren, je izbiral mesta, zaščitena pred vetrom.

Wherever he dug his nest, the next day's wind passed him by.

Kjerkoli si je izkopal gnezdo, ga je naslednji dan veter šel mimo.

He always ended up snug and protected, to leeward of the breeze.

Vedno se je našel udobno in zaščiteno, v zavetrju pred vetričem.

Buck not only learned by experience—his instincts returned too.

Buck se ni učil le iz izkušenj – vrnili so se tudi njegovi instinkti.

The habits of domesticated generations began to fall away.

Navade udomačenih generacij so začele izgubljati.

In vague ways, he remembered the ancient times of his breed.

Nekako se je spominjal davnih časov svoje vrste.

He thought back to when wild dogs ran in packs through forests.

Spomnil se je časov, ko so divji psi v krdelih tekli po gozdovih.

They had chased and killed their prey while running it down.

Med zasledovanjem so lovili in ubili svoj plen.

It was easy for Buck to learn how to fight with tooth and speed.
Buck se je zlahka naučil boriti z zobmi in hitrostjo.
He used cuts, slashes, and quick snaps just like his ancestors.
Uporabljal je reze, poševne reze in hitre udarce, tako kot njegovi predniki.
Those ancestors stirred within him and awoke his wild nature.
Ti predniki so se v njem prebudili in prebudili njegovo divjo naravo.
Their old skills had passed into him through the bloodline.
Njihove stare veščine so se nanj prenesle po krvni liniji.
Their tricks were his now, with no need for practice or effort.
Njihovi triki so bili zdaj njegovi, brez vaje ali truda.

On still, cold nights, Buck lifted his nose and howled.
V mirnih, hladnih nočeh je Buck dvignil nos in zavil.
He howled long and deep, the way wolves had done long ago.
Zavil je dolgo in globoko, kot so to počeli volkovi nekoč davno.
Through him, his dead ancestors pointed their noses and howled.
Skozi njega so njegovi mrtvi predniki kazali nosove in zavijali.
They howled down through the centuries in his voice and shape.
Z njegovim glasom in obliko so tulili skozi stoletja.
His cadences were theirs, old cries that told of grief and cold.
Njegove kadence so bile njihove, stari kriki, ki so pripovedovali o žalosti in mrazu.
They sang of darkness, of hunger, and the meaning of winter.
Peli so o temi, lakoti in pomenu zime.
Buck proved of how life is shaped by forces beyond oneself,

Buck je dokazal, kako življenje oblikujejo sile, ki presegajo samega sebe.

the ancient song rose through Buck and took hold of his soul.

Starodavna pesem se je dvignila skozi Bucka in ga prevzela v duši.

He found himself because men had found gold in the North.

Našel se je, ker so moški na severu našli zlato.

And he found himself because Manuel, the gardener's helper, needed money.

In znašel se je, ker je Manuel, vrtnarjev pomočnik, potreboval denar.

The Dominant Primordial Beast
Prevladujoča prvobitna zver

The dominant primordial beast was as strong as ever in Buck.
Dominantna prvobitna zver je bila v Bucku močna kot vedno.
But the dominant primordial beast had lain dormant in him.
Toda dominantna prvobitna zver je v njem spela.
Trail life was harsh, but it strengthened beast inside Buck.
Življenje na poti je bilo kruto, a je okrepilo zver v Bucku.
Secretly the beast grew stronger and stronger every day.
Zver je na skrivaj postajala vsak dan močnejša in močnejša.
But that inner growth stayed hidden to the outside world.
Toda ta notranja rast je ostala skrita zunanjemu svetu.
A quiet and calm primordial force was building inside Buck.
V Bucku se je gradila tiha in mirna prvobitna sila.
New cunning gave Buck balance, calm control, and poise.
Nova zvitost je Bucku dala ravnotežje, miren nadzor in držo.
Buck focused hard on adapting, never feeling fully relaxed.
Buck se je močno osredotočil na prilagajanje, nikoli se ni počutil popolnoma sproščenega.
He avoided conflict, never starting fights, nor seeking trouble.
Izogibal se je konfliktom, nikoli ni začenjal prepirov ali iskal težav.
A slow, steady thoughtfulness shaped Buck's every move.
Počasna, enakomerna premišljenost je oblikovala vsako Buckovo potezo.
He avoided rash choices and sudden, reckless decisions.
Izogibal se je prenagljenim odločitvam in nenadnim, nepremišljenim odločitvam.
Though Buck hated Spitz deeply, he showed him no aggression.
Čeprav je Buck globoko sovražil Spitza, ni kazal nobene agresije do njega.
Buck never provoked Spitz, and kept his actions restrained.
Buck ni nikoli izzival Spitza in je svoja dejanja držal zadržan.

Spitz, on the other hand, sensed the growing danger in Buck.

Spitz pa je začutil naraščajočo nevarnost v Bucku.

He saw Buck as a threat and a serious challenge to his power.

Bucka je videl kot grožnjo in resen izziv svoji moči.

He used every chance to snarl and show his sharp teeth.

Izkoristil je vsako priložnost, da je zarenčal in pokazal svoje ostre zobe.

He was trying to start the deadly fight that had to come.

Poskušal je začeti smrtonosni boj, ki je moral priti.

Early in the trip, a fight nearly broke out between them.

Na začetku potovanja se je med njima skoraj vnel pretep.

But an unexpected accident stopped the fight from happening.

Toda nepričakovana nesreča je preprečila pretep.

That evening they set up camp on the bitterly cold Lake Le Barge.

Tistega večera so postavili tabor ob mrzlem jezeru Le Barge.

The snow was falling hard, and the wind cut like a knife.

Sneg je močno padal, veter pa je rezal kot nož.

The night had come too fast, and darkness surrounded them.

Noč je prišla prehitro in tema jih je obdajala.

They could hardly have chosen a worse place for rest.

Težko bi si lahko izbrali slabši kraj za počitek.

The dogs searched desperately for a place to lie down.

Psi so obupano iskali prostor, kjer bi se lahko ulegli.

A tall rock wall rose steeply behind the small group.

Za majhno skupino se je strmo dvigala visoka skalna stena.

The tent had been left behind in Dyea to lighten the load.

Šotor so pustili v Dyei, da bi olajšali breme.

They had no choice but to make the fire on the ice itself.

Niso imeli druge izbire, kot da ogenj zakurijo na ledu.

They spread their sleeping robes directly on the frozen lake.

Svoje spalne halje so razprostrli neposredno na zamrznjenem jezeru.

A few sticks of driftwood gave them a little bit of fire.

Nekaj naplavljenih lesenih palic jim je dalo malo ognja.

But the fire was built on the ice, and thawed through it.

Toda ogenj je bil zaneten na ledu in se je skozenj stopil.

Eventually they were eating their supper in darkness.

Končno so večerjali v temi.

Buck curled up beside the rock, sheltered from the cold wind.

Buck se je zvil ob skali, zaveten pred mrzlim vetrom.

The spot was so warm and safe that Buck hated to move away.

Kraj je bil tako topel in varen, da se Buck ni hotel odseliti.

But François had warmed the fish and was handing out rations.

Toda François je pogrel ribo in delil obroke.

Buck finished eating quickly, and returned to his bed.

Buck je hitro pojedel in se vrnil v posteljo.

But Spitz was now laying where Buck had made his bed.

Toda Spitz je zdaj ležal tam, kjer mu je Buck postavil posteljo.

A low snarl warned Buck that Spitz refused to move.

Tih renčanje je Bucka opozorilo, da se Spitz noče premakniti.

Until now, Buck had avoided this fight with Spitz.

Do sedaj se je Buck temu boju s Spitzom izogibal.

But deep inside Buck the beast finally broke loose.

Toda globoko v Bucku se je zver končno sprostila.

The theft of his sleeping place was too much to tolerate.

Kraja njegovega spalnega prostora je bila preveč huda, da bi jo prenesel.

Buck launched himself at Spitz, full of anger and rage.

Buck se je poln jeze in besa pognal proti Spitzu.

Up until not Spitz had thought Buck was just a big dog.

Do nedavnega je Spitz mislil, da je Buck samo velik pes.

He didn't think Buck had survived through his spirit.

Ni mislil, da je Buck preživel po zaslugi svojega duha.

He was expecting fear and cowardice, not fury and revenge.

Pričakoval je strah in strahopetnost, ne pa besa in maščevanja.

François stared as both dogs burst from the ruined nest.

François je strmel, ko sta oba psa planila iz porušenega gnezda.

He understood at once what had started the wild struggle.

Takoj je razumel, kaj je sprožilo divji boj.

"A-a-ah!" François cried out in support of the brown dog.

„Aa-ah!" je François vzkliknil v podporo rjavemu psu.

"Give him a beating! By God, punish that sneaky thief!"

"Daj mu tep! Pri Bogu, kaznuj tega prebrisanega tatu!"

Spitz showed equal readiness and wild eagerness to fight.

Spitz je pokazal enako pripravljenost in divjo vnemo za boj.

He cried out in rage while circling fast, seeking an opening.

Medtem ko je hitro krožil in iskal odprtino, je besno zavpil.

Buck showed the same hunger to fight, and the same caution.

Buck je pokazal enako lakoto po boju in enako previdnost.

He circled his opponent as well, trying to gain the upper hand in battle.

Obkrožil je tudi svojega nasprotnika in poskušal pridobiti premoč v boju.

Then something unexpected happened and changed everything.

Potem se je zgodilo nekaj nepričakovanega in vse spremenilo.

That moment delayed the eventual fight for the leadership.

Ta trenutek je odložil morebitni boj za vodstvo.

Many miles of trail and struggle still waited before the end.

Pred koncem je čakalo še veliko kilometrov poti in truda.

Perrault shouted an oath as a club smacked against bone.

Perrault je zakričal, ko je palica udarila ob kost.

A sharp yelp of pain followed, then chaos exploded all around.

Sledil je oster krik bolečine, nato pa je naokoli eksplodiral kaos.

Dark shapes moved in camp; wild huskies, starved and fierce.

V taboru so se premikale temne postave; divji haskiji, sestradani in divji.

Four or five dozen huskies had sniffed the camp from far away.

Štiri ali pet ducatov haskijev je že od daleč zavohalo tabor.

They had crept in quietly while the two dogs fought nearby.

Tiho so se priplazili noter, medtem ko sta se v bližini prepirala psa.

François and Perrault charged, swinging clubs at the invaders.

François in Perrault sta planila v napad in zamahnila s palicami proti napadalcem.

The starving huskies showed teeth and fought back in frenzy.

Sestradani haskiji so pokazali zobe in se besno branili.

The smell of meat and bread had driven them past all fear.

Vonj mesa in kruha jih je pregnal izven strahu.

Perrault beat a dog that had buried its head in the grub-box.

Perrault je pretepel psa, ki je zakopal glavo v hlevu za hrano.

The blow hit hard, and the box flipped, food spilling out.

Udarec je bil močan, škatla se je prevrnila in hrana se je razsula ven.

In seconds, a score of wild beasts tore into the bread and meat.

V nekaj sekundah je množica divjih zveri raztrgala kruh in meso.

The men's clubs landed blow after blow, but no dog turned away.

Moške palice so zadajale udarec za udarcem, a noben pes se ni obrnil stran.

They howled in pain, but fought until no food remained.

Zavpili so od bolečine, a se borili, dokler jim ni ostalo nič hrane.

Meanwhile, the sled-dogs had jumped from their snowy beds.

Medtem so vlečni psi poskočili iz svojih zasneženih ležišč.

They were instantly attacked by the vicious hungry huskies.

Takoj so jih napadli zlobni lačni haskiji.

Buck had never seen such wild and starved creatures before.

Buck še nikoli ni videl tako divjih in sestradanih bitij.

Their skin hung loose, barely hiding their skeletons.

Njihova koža je visela ohlapno in komaj skrivala okostja.

There was a fire in their eyes, from hunger and madness

V njihovih očeh je gorel ogenj od lakote in norosti

There was no stopping them; no resisting their savage rush.

Ni jih bilo mogoče ustaviti; ni se bilo mogoče upreti njihovemu divjemu navalu.

The sled-dogs were shoved back, pressed against the cliff wall.

Vprežne pse so potisnili nazaj, pritisnili ob steno pečine.

Three huskies attacked Buck at once, tearing into his flesh.

Trije haskiji so hkrati napadli Bucka in mu trgali meso.

Blood poured from his head and shoulders, where he'd been cut.

Kri mu je tekla iz glave in ramen, kjer je bil porezan.

The noise filled the camp; growling, yelps, and cries of pain.

Hrup je napolnil tabor; renčanje, cviljenje in kriki bolečine.

Billee cried loudly, as usual, caught in the fray and panic.

Billee je kot ponavadi glasno jokala, ujeta v prepiru in paniki.

Dave and Solleks stood side by side, bleeding but defiant.

Dave in Solleks sta stala drug ob drugem, krvavela, a kljubovalna.

Joe fought like a demon, biting anything that came close.

Joe se je boril kot demon in grizel vse, kar se mu je približalo.

He crushed a husky's leg with one brutal snap of his jaws.

Z enim brutalnim sunkom čeljusti je zdrobil haskiju nogo.

Pike jumped on the wounded husky and broke its neck instantly.

Ščuka je skočila na ranjenega haskija in mu v trenutku zlomila vrat.

Buck caught a husky by the throat and ripped through the vein.

Buck je zgrabil haskija za grlo in mu raztrgal žilo.

Blood sprayed, and the warm taste drove Buck into a frenzy.

Kri je brizgala, topel okus pa je Bucka spravil v blaznost.

He hurled himself at another attacker without hesitation.

Brez oklevanja se je vrgel na drugega napadalca.

At the same moment, sharp teeth dug into Buck's own throat.

V istem trenutku so se ostri zobje zarile v Buckovo grlo.

Spitz had struck from the side, attacking without warning.

Spitz je udaril s strani, napadel je brez opozorila.

Perrault and François had defeated the dogs stealing the food.

Perrault in François sta premagala pse, ki so kradli hrano.

Now they rushed to help their dogs fight back the attackers.

Zdaj so hiteli pomagati svojim psom, da bi se uprli napadalcem.

The starving dogs retreated as the men swung their clubs.

Sestradani psi so se umaknili, ko so moški zamahnili s palicami.

Buck broke free from the attack, but the escape was brief.

Buck se je napadu izvlekel, a pobeg je bil kratek.

The men ran to save their dogs, and the huskies swarmed again.

Moški so stekli rešit svoje pse, haskiji pa so se spet zgrinjali.

Billee, frightened into bravery, leapt into the pack of dogs.

Billee, prestrašena do poguma, je skočila v krdelo psov.

But then he fled across the ice, in raw terror and panic.

Nato pa je v surovi grozi in paniki zbežal čez led.

Pike and Dub followed close behind, running for their lives.

Pike in Dub sta tesno za njima tekla in si reševala življenje.

The rest of the team broke and scattered, following after them.

Preostali del ekipe se je razkropil in jim sledil.

Buck gathered his strength to run, but then saw a flash.

Buck je zbral moči, da bi stekel, a nato je zagledal blisk.

Spitz lunged at Buck's side, trying to knock him to the ground.

Spitz se je pognal k Bucku in ga poskušal zbiti na tla.

Under that mob of huskies, Buck would have had no escape.

Pod to drhaljo haskijev Buck ne bi imel pobega.

But Buck stood firm and braced for the blow from Spitz.

Toda Buck je ostal neomajno in se pripravil na Spitzov udarec.

Then he turned and ran out onto the ice with the fleeing team.

Nato se je obrnil in stekel na led z bežečo ekipo.

Later, the nine sled-dogs gathered in the shelter of the woods.

Kasneje se je devet vprežnih psov zbralo v zavetju gozda.

No one chased them anymore, but they were battered and wounded.

Nihče jih ni več preganjal, bili pa so pretepeni in ranjeni.

Each dog had wounds; four or five deep cuts on every body.

Vsak pes je imel rane; štiri ali pet globokih ureznin na vsakem telesu.

Dub had an injured hind leg and struggled to walk now.

Dub je imel poškodovano zadnjo nogo in je zdaj težko hodil.

Dolly, the newest dog from Dyea, had a slashed throat.

Dolly, najnovejša psička iz Dyee, je imela prerezano grlo.

Joe had lost an eye, and Billee's ear was cut to pieces

Joe je izgubil oko, Billee pa je bilo odrezano uho.

All the dogs cried in pain and defeat through the night.

Vsi psi so vso noč jokali od bolečine in poraza.

At dawn they crept back to camp, sore and broken.

Ob zori so se priplazili nazaj v tabor, boleči in zlomljeni.

The huskies had vanished, but the damage had been done.

Huskiji so izginili, a škoda je bila storjena.

Perrault and François stood in foul moods over the ruin.

Perrault in François sta slabe volje stala nad ruševinami.

Half of the food was gone, snatched by the hungry thieves.

Polovice hrane je izginilo, saj so jo pograbili lačni tatovi.

The huskies had torn through sled bindings and canvas.

Haskiji so pretrgali vezi in platno sani.

Anything with a smell of food had been devoured completely.

Vse, kar je dišalo po hrani, je bilo popolnoma požrto.

They ate a pair of Perrault's moose-hide traveling boots.

Pojedli so par Perraultovih potovalnih škornjev iz losove kože.

They chewed leather reis and ruined straps beyond use.
Žvečili so usnjene reise in uničili jermene do te mere, da so bili neuporabni.
François stopped staring at the torn lash to check the dogs.
François je nehal strmeti v raztrgano bičarko, da bi preveril pse.
"Ah, my friends," he said, his voice low and filled with worry.
„Ah, prijatelji moji," je rekel s tihim, zaskrbljenim glasom.
"Maybe all these bites will turn you into mad beasts."
"Morda vas bodo vsi ti ugrizi spremenili v nore zveri."
"Maybe all mad dogs, sacredam! What do you think, Perrault?"
„Morda so vsi nori psi, sveto pismo! Kaj misliš, Perrault?"
Perrault shook his head, eyes dark with concern and fear.
Perrault je zmajal z glavo, oči so mu bile potemnele od zaskrbljenosti in strahu.
Four hundred miles still lay between them and Dawson.
Od Dawsona jih je še vedno ločevalo štiristo milj.
Dog madness now could destroy any chance of survival.
Pasja norost bi zdaj lahko uničila vsako možnost preživetja.
They spent two hours swearing and trying to fix the gear.
Dve uri so preklinjali in poskušali popraviti opremo.
The wounded team finally left the camp, broken and defeated.
Ranjena ekipa je končno zapustila tabor, zlomljena in poražena.
This was the hardest trail yet, and each step was painful.
To je bila najtežja pot doslej in vsak korak je bil boleč.
The Thirty Mile River had not frozen, and was rushing wildly.
Reka Trideset milj ni zamrznila in je divje derela.
Only in calm spots and swirling eddies did ice manage to hold.
Le na mirnih mestih in v vrtinčastih vrtincih se je led uspel zadržati.

Six days of hard labor passed until the thirty miles were done.

Šest dni trdega dela je minilo, preden so prevozili trideset milj.

Each mile of the trail brought danger and the threat of death.

Vsak kilometer poti je prinašal nevarnost in grožnjo smrti.

The men and dogs risked their lives with every painful step.

Moški in psi so tvegali svoja življenja z vsakim bolečim korakom.

Perrault broke through thin ice bridges a dozen different times.

Perrault je tanke ledene mostove prebil ducat različnih krat.

He carried a pole and let it fall across the hole his body made.

Nosil je palico in jo spustil čez luknjo, ki jo je naredilo njegovo telo.

More than once did that pole save Perrault from drowning.

Ta palica je Perraulta večkrat rešila pred utopitvijo.

The cold snap held firm, the air was fifty degrees below zero.

Hladen sunek se je vztrajno obdržal, zrak je bil petdeset stopinj pod ničlo.

Every time he fell in, Perrault had to light a fire to survive.

Vsakič, ko je padel noter, je moral Perrault zakuriti ogenj, da bi preživel.

Wet clothing froze fast, so he dried them near blazing heat.

Mokra oblačila so hitro zmrznila, zato jih je sušil blizu močne vročine.

No fear ever touched Perrault, and that made him a courier.

Perraulta ni nikoli prevzel strah, in to ga je naredilo za kurirja.

He was chosen for danger, and he met it with quiet resolve.

Izbran je bil za nevarnost in jo je sprejel s tiho odločnostjo.

He pressed forward into wind, his shriveled face frostbitten.

Tiskal se je naprej v veter, njegov zgužvani obraz je bil ozebel.

From faint dawn to nightfall, Perrault led them onward.

Od blede zore do mraka jih je Perrault vodil naprej.

He walked on narrow rim ice that cracked with every step.

Hodil je po ozkem ledenem robu, ki je počil z vsakim korakom.

They dared not stop—each pause risked a deadly collapse.

Niso si upali ustaviti – vsak premor je tvegal smrtonosni zlom.

One time the sled broke through, pulling Dave and Buck in.

Enkrat so se sani prebile in potegnile Davea in Bucka noter.

By the time they were dragged free, both were near frozen.

Ko so ju izvlekli na prostost, sta bila oba skoraj zmrznjena.

The men built a fire quickly to keep Buck and Dave alive.

Moški so hitro zakurili ogenj, da bi Bucka in Davea ohranili pri življenju.

The dogs were coated in ice from nose to tail, stiff as carved wood.

Psi so bili od smrčka do repa prekriti z ledom, togi kot izrezljan les.

The men ran them in circles near the fire to thaw their bodies.

Moški so jih vodili v krogih blizu ognja, da bi se jim telesa odtalila.

They came so close to the flames that their fur was singed.

Prišli so tako blizu plamenov, da jim je bila dlaka ožgana.

Spitz broke through the ice next, dragging in the team behind him.

Spitz je naslednji prebil led in za seboj potegnil ekipo.

The break reached all the way up to where Buck was pulling.

Odmor je segal vse do mesta, kjer je Buck vlekel.

Buck leaned back hard, paws slipping and trembling on the edge.

Buck se je močno naslonil nazaj, šape so mu drsele in se tresle na robu.

Dave also strained backward, just behind Buck on the line.

Tudi Dave se je napenjal nazaj, tik za Buckom na vrvi.

François hauled on the sled, his muscles cracking with effort.

François je vlekel sani, mišice so mu pokale od napora.

Another time, rim ice cracked before and behind the sled.

Drugič je ledeni rob počil pred in za sanmi.

They had no way out except to climb a frozen cliff wall.

Niso imeli druge poti ven, kot da so splezali na zamrznjeno pečino.

Perrault somehow climbed the wall; a miracle kept him alive.

Perrault je nekako splezal na zid; čudež ga je ohranil pri življenju.

François stayed below, praying for the same kind of luck.

François je ostal spodaj in molil za enako srečo.

They tied every strap, lashing, and trace into one long rope.

Vsak trak, vrv in sled so zvezali v eno dolgo vrv.

The men hauled each dog up, one at a time to the top.

Moški so vsakega psa, enega za drugim, vlekli na vrh.

François climbed last, after the sled and the entire load.

François se je povzpel zadnji, za sanmi in celotnim tovorom.

Then began a long search for a path down from the cliffs.

Nato se je začelo dolgo iskanje poti navzdol s pečin.

They finally descended using the same rope they had made.

Končno so se spustili z isto vrvjo, ki so jo naredili.

Night fell as they returned to the riverbed, exhausted and sore.

Zmračilo se je, ko so se izčrpani in boleči vrnili v rečno strugo.

They had taken a full day to cover only a quarter of a mile.

Cel dan so porabili za prevoz le četrt milje.

By the time they reached the Hootalinqua, Buck was worn out.

Ko so prispeli do Hootalinque, je bil Buck izčrpan.

The other dogs suffered just as badly from the trail conditions.

Drugi psi so zaradi razmer na poti trpeli prav tako hudo.

But Perrault needed to recover time, and pushed them on each day.

Toda Perrault je moral vzeti čas nazaj in jih je vsak dan pospeševal.

The first day they traveled thirty miles to Big Salmon.

Prvi dan so prepotovali trideset milj do Big Salmona.

The next day they travelled thirty-five miles to Little
Salmon.

Naslednji dan so prepotovali petintrideset milj do Little
Salmona.

On the third day they pushed through forty long frozen
miles.

Tretji dan so se prebili skozi dolga štirideseta kilometra, po
katerih so zmrznili.

By then, they were nearing the settlement of Five Fingers.

Takrat so se že bližali naselju Pet prstov.

Buck's feet were softer than the hard feet of native huskies.

Buckove noge so bile mehkejše od trdih nog domačih haskijev.

His paws had grown tender over many civilized generations.

Njegove šape so se v mnogih civiliziranih generacijah
omehčale.

Long ago, his ancestors had been tamed by river men or
hunters.

Njegove prednike so davno udomačili rečni možje ali lovci.

Every day Buck limped in pain, walking on raw, aching
paws.

Buck je vsak dan šepal od bolečin in hodil po raztrganih,
bolečih tacah.

At camp, Buck dropped like a lifeless form upon the snow.

V taboru se je Buck zgrudil na sneg kot brezživo telo.

Though starving, Buck did not rise to eat his evening meal.

Čeprav je bil sestradan, Buck ni vstal, da bi pojedel večerjo.

François brought Buck his ration, laying fish by his muzzle.

François je prinesel Bucku njegov obrok, pri čemer mu je
položil ribe k gobcu.

Each night the driver rubbed Buck's feet for half an hour.

Vsako noč je voznik pol ure masiral Buckove noge.

François even cut up his own moccasins to make dog
footwear.

François je celo sam razrezal svoje mokasine, da bi iz njih
naredil pasjo obutev.

Four warm shoes gave Buck a great and welcome relief.

Štirje topli čevlji so Bucku prinesli veliko in dobrodošlo olajšanje.

One morning, François forgot the shoes, and Buck refused to rise.

Nekega jutra je François pozabil čevlje, Buck pa ni hotel vstati.

Buck lay on his back, feet in the air, waving them pitifully.

Buck je ležal na hrbtu z nogami v zraku in jih žalostno mahal.

Even Perrault grinned at the sight of Buck's dramatic plea.

Celo Perrault se je zarežal ob pogledu na Buckovo dramatično prošnjo.

Soon Buck's feet grew hard, and the shoes could be discarded.

Kmalu so Buckove noge otrdele in čevlje je lahko zavrgel.

At Pelly, during harness time, Dolly let out a dreadful howl.

Pri Pellyju je Dolly med vprego grozljivo zavpila.

The cry was long and filled with madness, shaking every dog.

Krik je bil dolg in poln norosti, stresel je vsakega psa.

Each dog bristled in fear without knowing the reason.

Vsak pes se je od strahu naježil, ne da bi vedel za razlog.

Dolly had gone mad and hurled herself straight at Buck.

Dolly je ponorela in se vrgla naravnost na Bucka.

Buck had never seen madness, but horror filled his heart.

Buck še nikoli ni videl norosti, a groza mu je napolnila srce.

With no thought, he turned and fled in absolute panic.

Brez pomisleka se je obrnil in v popolni paniki zbežal.

Dolly chased him, her eyes wild, saliva flying from her jaws.

Dolly ga je lovila, z divjimi očmi in slino, ki ji je letela iz čeljusti.

She kept right behind Buck, never gaining and never falling back.

Držala se je tik za Buckom, ga nikoli ni dohitevala in nikoli ni nazadovala.

Buck ran through woods, down the island, across jagged ice.

Buck je tekel skozi gozd, po otoku, čez nazobčan led.

He crossed to an island, then another, circling back to the river.

Prečkal je do enega otoka, nato do drugega in se nato vrnil k reki.

Still Dolly chased him, her growl close behind at every step.

Dolly ga je še vedno lovila in renčala za njim na vsakem koraku.

Buck could hear her breath and rage, though he dared not look back.

Buck je slišal njeno dihanje in bes, čeprav si ni upal pogledati nazaj.

François shouted from afar, and Buck turned toward the voice.

François je zavpil od daleč in Buck se je obrnil proti glasu.

Still gasping for air, Buck ran past, placing all hope in François.

Buck je še vedno lovil sapo in stekel mimo, vse upanje pa je polagal v Françoisa.

The dog-driver raised an axe and waited as Buck flew past.

Gonič psa je dvignil sekiro in čakal, ko je Buck priletel mimo.

The axe came down fast and struck Dolly's head with deadly force.

Sekira se je hitro spustila in s smrtonosno silo udarila Dolly v glavo.

Buck collapsed near the sled, wheezing and unable to move.

Buck se je zgrudil blizu sani, sopihal in se ni mogel premakniti.

That moment gave Spitz his chance to strike an exhausted foe.

Ta trenutek je Spitzu dal priložnost, da udari izčrpanega nasprotnika.

Twice he bit Buck, ripping flesh down to the white bone.

Dvakrat je ugriznil Bucka in mu raztrgal meso do bele kosti.

François's whip cracked, striking Spitz with full, furious force.

Françoisov bič je počil in Spitza udaril z vso, besno silo.

Buck watched with joy as Spitz received his harshest beating yet.

Buck je z veseljem opazoval, kako je Spitz prejel svoje najhujše pretepe doslej.

"He's a devil, that Spitz," Perrault muttered darkly to himself.

„Pravi hudič je, ta Spitz," si je Perrault mračno zamrmral.

"Someday soon, that cursed dog will kill Buck—I swear it."

"Kmalu bo ta prekleti pes ubil Bucka – prisežem."

"That Buck has two devils in him," François replied with a nod.

„Ta Buck ima v sebi dva hudiča," je odgovoril François s kimanjem.

"When I watch Buck, I know something fierce waits in him."

"Ko gledam Bucka, vem, da v njem čaka nekaj divjega."

"One day, he'll get mad as fire and tear Spitz to pieces."

"Nekega dne bo ponorel kot ogenj in raztrgal Špica na koščke."

"He'll chew that dog up and spit him on the frozen snow."

"Tega psa bo prežvečil in izpljunil na zmrznjen sneg."

"Sure as anything, I know this deep in my bones."

"Seveda, to vem globoko v sebi."

From that moment forward, the two dogs were locked in war.

Od tistega trenutka naprej sta bila psa ukleščena v vojno.

Spitz led the team and held power, but Buck challenged that.

Spitz je vodil ekipo in imel moč, toda Buck je to izzval.

Spitz saw his rank threatened by this odd Southland stranger.

Spitz je videl, da mu ta nenavadni tujec iz Južne Anglije ogroža položaj.

Buck was unlike any southern dog Spitz had known before.

Buck ni bil podoben nobenemu južnjaškemu psu, ki ga je Spitz poznal prej.

Most of them failed—too weak to live through cold and hunger.

Večina jih je propadla – bili so prešibki, da bi preživeli mraz in lakoto.

They died fast under labor, frost, and the slow burn of famine.
Hitro so umirali zaradi dela, zmrzali in počasnega gorenja lakote.

Buck stood apart—stronger, smarter, and more savage each day.
Buck je stal izven sebe – močnejši, pametnejši in vsak dan bolj divji.

He thrived on hardship, growing to match the northern huskies.
V stiski je uspeval in zrasel, da bi se lahko kosal s severnimi haskiji.

Buck had strength, wild skill, and a patient, deadly instinct.
Buck je imel moč, divjo spretnost in potrpežljiv, smrtonosni nagon.

The man with the club had beaten rashness out of Buck.
Mož s palico je Bucka pretepel.

Blind fury was gone, replaced by quiet cunning and control.
Slepa jeza je izginila, nadomestila jo je tiha zvitost in nadzor.

He waited, calm and primal, watching for the right moment.
Čakal je, miren in prvinski, iskal je pravi trenutek.

Their fight for command became unavoidable and clear.
Njihov boj za poveljstvo je postal neizogiben in jasen.

Buck desired leadership because his spirit demanded it.
Buck si je želel vodstva, ker je to zahteval njegov duh.

He was driven by the strange pride born of trail and harness.
Gnal ga je nenavaden ponos, rojen iz poti in vprege.

That pride made dogs pull till they collapsed on the snow.
Zaradi tega ponosa so psi vlekli, dokler se niso zgrudili na sneg.

Pride lured them into giving all the strength they had.
Ponos jih je zvabil, da so dali vso svojo moč.

Pride can lure a sled-dog even to the point of death.
Ponos lahko zvabi vprežnega psa celo do smrti.

Losing the harness left dogs broken and without purpose.
Izguba oprsnice je pse pustila zlomljene in brez smisla.

The heart of a sled-dog can be crushed by shame when they retire.

Srce vlečnega psa lahko ob upokojitvi strje sram.

Dave lived by that pride as he dragged the sled from behind.

Dave je živel s tem ponosom, ko je vlekel sani od zadaj.

Solleks, too, gave his all with grim strength and loyalty.

Tudi Solleks je dal vse od sebe z mračno močjo in zvestobo.

Each morning, pride turned them from bitter to determined.

Vsako jutro jih je ponos iz zagrenjenih spremenil v odločne.

They pushed all day, then dropped silent at the camp's end.

Ves dan so se prebijali, nato pa so na koncu tabora utihnili.

That pride gave Spitz the strength to beat shirkers into line.

Ta ponos je dal Spitzu moč, da je premagal tiste, ki so se izogibali kazni.

Spitz feared Buck because Buck carried that same deep pride.

Spitz se je bal Bucka, ker je Buck nosil isti globok ponos.

Buck's pride now stirred against Spitz, and he did not stop.

Buckov ponos se je zdaj zbudil proti Spitzu in ni se ustavil.

Buck defied Spitz's power and blocked him from punishing dogs.

Buck je kljuboval Spitzovi moči in mu preprečil, da bi kaznoval pse.

When others failed, Buck stepped between them and their leader.

Ko je drugim spodletelo, je Buck stopil mednje in njihovega vodjo.

He did this with intent, making his challenge open and clear.

To je storil namerno, s čimer je svoj izziv postavil odprto in jasno.

On one night heavy snow blanketed the world in deep silence.

Neke noči je močan sneg zakril svet v globoko tišino.

The next morning, Pike, lazy as ever, did not rise for work.

Naslednje jutro Pike, len kot vedno, ni vstal za delo.

He stayed hidden in his nest beneath a thick layer of snow.

Skril se je v svojem gnezdu pod debelo plastjo snega.

François called out and searched, but could not find the dog.

François je poklical in iskal, vendar psa ni mogel najti.

Spitz grew furious and stormed through the snow-covered camp.

Spitz se je razjezil in se pognal skozi zasneženi tabor.

He growled and sniffed, digging madly with blazing eyes.

Rjovel je in vohal, divje kopal z gorečimi očmi.

His rage was so fierce that Pike shook under the snow in fear.

Njegova jeza je bila tako silovita, da se je Ščuka od strahu tresla pod snegom.

When Pike was finally found, Spitz lunged to punish the hiding dog.

Ko so Pikea končno našli, se je Spitz pognal, da bi kaznoval skritega psa.

But Buck sprang between them with a fury equal to Spitz's own.

Toda Buck je skočil med njiju z besom, enakim Spitzovemu.

The attack was so sudden and clever that Spitz fell off his feet.

Napad je bil tako nenaden in spreten, da je Spitz padel z nog.

Pike, who had been shaking, took courage from this defiance.

Pike, ki se je tresel, je zaradi tega kljubovanja dobil pogum.

He leapt on the fallen Spitz, following Buck's bold example.

Skočil je na padlega Špica in sledil Buckovemu drznemu zgledu.

Buck, no longer bound by fairness, joined the strike on Spitz.

Buck, ki ga ni več vezovala pravičnost, se je pridružil stavki na Spitzu.

François, amused yet firm in discipline, swung his heavy lash.

François, zabavan, a hkrati odločen v disciplini, je zamahnil s težkim bičem.

He struck Buck with all his strength to break up the fight.

Z vso močjo je udaril Bucka, da bi prekinil pretep.

Buck refused to move and stayed atop the fallen leader.

Buck se ni hotel premakniti in je ostal na vrhu padlega vodje.

François then used the whip's handle, hitting Buck hard.

François je nato uporabil ročaj biča in močno udaril Bucka.

Staggering from the blow, Buck fell back under the assault.

Buck se je opotekel od udarca in se pod napadom zgrudil nazaj.

François struck again and again while Spitz punished Pike.

François je znova in znova udarjal, medtem ko je Spitz kaznoval Pikea.

Days passed, and Dawson City grew nearer and nearer.

Dnevi so minevali in Dawson City se je vedno bolj približeval.

Buck kept interfering, slipping between Spitz and other dogs.

Buck se je nenehno vmešaval in se vtikal med Špica in druge pse.

He chose his moments well, always waiting for François to leave.

Dobro je izbiral trenutke in vedno čakal, da François odide.

Buck's quiet rebellion spread, and disorder took root in the team.

Buckov tihi upor se je širil in v ekipi se je ukoreninil nered.

Dave and Solleks stayed loyal, but others grew unruly.

Dave in Solleks sta ostala zvesta, drugi pa so postali neubogljivi.

The team grew worse—restless, quarrelsome, and out of line.

Ekipa je postajala vse slabša – nemirna, prepirljiva in neprimerna.

Nothing worked smoothly anymore, and fights became common.

Nič več ni delovalo gladko in prepiri so postali nekaj običajnega.

Buck stayed at the heart of the trouble, always provoking unrest.

Buck je ostal v središču težav in vedno izzival nemire.

François stayed alert, afraid of the fight between Buck and Spitz.

François je ostal pozoren, saj se je bal pretepa med Buckom in Spitzem.

Each night, scuffles woke him, fearing the beginning finally arrived.

Vsako noč so ga prebujali pretepi, saj se je bal, da je končno prišel začetek.

He leapt from his robe, ready to break up the fight.

Skočil je s svoje halje, pripravljen prekiniti pretep.

But the moment never came, and they reached Dawson at last.

Vendar trenutek ni nikoli prišel in končno so prispeli v Dawson.

The team entered the town one bleak afternoon, tense and quiet.

Ekipa je nekega mračnega popoldneva vstopila v mesto, napeta in tiha.

The great battle for leadership still hung in the frozen air.

Veliki boj za vodstvo je še vedno visel v ledenem zraku.

Dawson was full of men and sled-dogs, all busy with work.

Dawson je bil poln moških in vprežnih psov, vsi zaposleni z delom.

Buck watched the dogs pull loads from morning until night.

Buck je od jutra do večera opazoval pse, kako vlečejo tovore.

They hauled logs and firewood, freighted supplies to the mines.

Prevažali so hlode in drva, prevažali zaloge v rudnike.

Where horses once worked in the Southland, dogs now labored.

Kjer so nekoč na jugu delali konji, so zdaj delali psi.

Buck saw some dogs from the South, but most were wolf-like huskies.

Buck je videl nekaj psov z juga, vendar je bila večina volkov podobnih haskijev.

At night, like clockwork, the dogs raised their voices in song.
Ponoči so psi, kot ura, dvignili glas v pesmi.
At nine, at midnight, and again at three, the singing began.
Ob devetih, ob polnoči in spet ob treh se je začelo petje.
Buck loved joining their eerie chant, wild and ancient in sound.
Buck se je rad pridružil njihovemu srhljivemu napevu, divjemu in starodavnemu po zvoku.
The aurora flamed, stars danced, and snow blanketed the land.
Aurora je gorela, zvezde so plesale in sneg je prekrival deželo.
The dogs' song rose as a cry against silence and bitter cold.
Pasji spev se je dvignil kot krik proti tišini in hudemu mrazu.
But their howl held sorrow, not defiance, in every long note.
Toda v vsakem dolgem tonu je bilo čutiti žalost, ne kljubovanja.
Each wailing cry was full of pleading; the burden of life itself.
Vsak jok je bil poln prošenj; breme samega življenja.
That song was old—older than towns, and older than fires
Ta pesem je bila stara – starejša od mest in starejša od požarov
That song was more ancient even than the voices of men.
Ta pesem je bila celo starejša od človeških glasov.
It was a song from the young world, when all songs were sad.
Bila je pesem iz mladega sveta, ko so bile vse pesmi žalostne.
The song carried sorrow from countless generations of dogs.
Pesem je nosila žalost neštetih generacij psov.
Buck felt the melody deeply, moaning from pain rooted in the ages.
Buck je melodijo začutil globoko, stokal je od bolečine, zakoreninjene v stoletjih.
He sobbed from a grief as old as the wild blood in his veins.
Jokal je od žalosti, stare kot divja kri v njegovih žilah.
The cold, the dark, and the mystery touched Buck's soul.
Mraz, tema in skrivnost so se dotaknili Buckove duše.

That song proved how far Buck had returned to his origins.
Ta pesem je dokazala, kako daleč se je Buck vrnil k svojim koreninam.
Through snow and howling he had found the start of his own life.
Skozi sneg in tuljenje je našel začetek svojega življenja.

Seven days after arriving in Dawson, they set off once again.
Sedem dni po prihodu v Dawson so se znova odpravili na pot.
The team dropped from the Barracks down to the Yukon Trail.
Ekipa se je iz vojašnice spustila na Yukon Trail.
They began the journey back toward Dyea and Salt Water.
Začeli so pot nazaj proti Dyei in Salt Waterju.
Perrault carried dispatches even more urgent than before.
Perrault je prenašal še bolj nujne pošiljke kot prej.
He was also seized by trail pride and aimed to set a record.
Prevzel ga je tudi ponos na pot in si je zadal cilj postaviti rekord.
This time, several advantages were on Perrault's side.
Tokrat je bilo več prednosti na Perraultovi strani.
The dogs had rested for a full week and regained their strength.
Psi so počivali cel teden in si povrnili moči.
The trail they had broken was now hard-packed by others.
Pot, ki so jo utrli, so zdaj utrli drugi.
In places, police had stored food for dogs and men alike.
Ponekod je policija shranila hrano tako za pse kot za moške.
Perrault traveled light, moving fast with little to weigh him down.
Perrault je potoval z malo prtljage, hitro se je gibal in ga ni bilo kaj obremenjevati.
They reached Sixty-Mile, a fifty-mile run, by the first night.
Prvo noč so dosegli Sixty-Mile, petdeset milj dolg tek.
On the second day, they rushed up the Yukon toward Pelly.
Drugi dan so hiteli po Yukonu proti Pellyju.
But such fine progress came with much strain for François.

Toda takšen lep napredek je za Françoisa prinesel veliko truda.

Buck's quiet rebellion had shattered the team's discipline.
Buckov tihi upor je razbil disciplino v ekipi.

They no longer pulled together like one beast in the reins.
Niso več vlekli skupaj kot ena zver na vajetih.

Buck had led others into defiance through his bold example.
Buck je s svojim drznim zgledom druge speljal v kljubovanje.

Spitz's command was no longer met with fear or respect.
Spitzovega ukaza niso več sprejemali s strahom ali spoštovanjem.

The others lost their awe of him and dared to resist his rule.
Drugi so izgubili strahospoštovanje do njega in si drznili upreti njegovi vladavini.

One night, Pike stole half a fish and ate it under Buck's eye.
Neke noči je Pike ukradel pol ribe in jo pojedel pred Buckovim očesom.

Another night, Dub and Joe fought Spitz and went unpunished.
Drugo noč sta se Dub in Joe borila s Spitzom in ostala nekaznovana.

Even Billee whined less sweetly and showed new sharpness.
Celo Billee je manj sladko cvilila in pokazala novo ostrino.

Buck snarled at Spitz every time they crossed paths.
Buck je vsakič, ko sta se križala, renčal na Spitza.

Buck's attitude grew bold and threatening, nearly like a bully.
Buckov odnos je postajal drzen in grozeč, skoraj kot pri nasilnežu.

He paced before Spitz with a swagger, full of mocking menace.
Pred Spitzom je hodil bahavo, polno posmehljive grožnje.

That collapse of order also spread among the sled-dogs.
Ta propad reda se je razširil tudi med sankalnimi psi.

They fought and argued more than ever, filling camp with noise.

Prepirali in prepirali so se bolj kot kdaj koli prej, kar je tabor napolnilo s hrupom.

Camp life turned into a wild, howling chaos each night.

Življenje v taboru se je vsako noč spremenilo v divji, tuleči kaos.

Only Dave and Solleks remained steady and focused.

Le Dave in Solleks sta ostala mirna in osredotočena.

But even they became short-tempered from the constant brawls.

A tudi oni so zaradi nenehnih pretepov postali razdražljivi.

François cursed in strange tongues and stomped in frustration.

François je preklinjal v čudnih jezikih in od frustracije topotal z nogami.

He tore at his hair and shouted while snow flew underfoot.

Pulil si je lase in kričal, medtem ko je sneg letel pod nogami.

His whip snapped across the pack but barely kept them in line.

Njegov bič je švignil čez krdelo, a jih je komaj zadržal v vrsti.

Whenever his back was turned, the fighting broke out again.

Kadar koli je obrnil hrbet, se je boj znova razplamtel.

François used the lash for Spitz, while Buck led the rebels.

François je bič uporabil za Spitza, medtem ko je Buck vodil upornike.

Each knew the other's role, but Buck avoided any blame.

Vsak je poznal vlogo drugega, vendar se je Buck izogibal vsakršni krivdi.

François never caught Buck starting a fight or shirking his job.

François ni nikoli zalotil Bucka pri začenjanju pretepa ali izogibanju delu.

Buck worked hard in harness—the toil now thrilled his spirit.

Buck je trdo delal v vpregi – delo je zdaj navduševalo njegovega duha.

But he found even more joy in stirring fights and chaos in camp.

Še več veselja pa je našel v povzročanju pretepov in kaosa v taboru.

At the Tahkeena's mouth one evening, Dub startled a rabbit.
Nekega večera je Dub pri Tahkeeninih ustih prestrašil zajca.
He missed the catch, and the snowshoe rabbit sprang away.
Zgrešil je ulov in zajec na krpljah je odskočil.
In seconds, the entire sled team gave chase with wild cries.
V nekaj sekundah se je celotna sančna ekipa z divjimi kriki pognala v lov.
Nearby, a Northwest Police camp housed fifty husky dogs.
V bližini je bilo v taboru severozahodne policije nastanjenih petdeset haskijev.
They joined the hunt, surging down the frozen river together.
Pridružila sta se lovu in skupaj sta se spuščala po zamrznjeni reki.
The rabbit turned off the river, fleeing up a frozen creek bed.
Zajec je zavil z reke in zbežal po zamrznjeni strugi potoka navzgor.
The rabbit skipped lightly over snow while the dogs struggled through.
Zajec je rahlo poskakoval po snegu, medtem ko so se psi prebijali skoznje.
Buck led the massive pack of sixty dogs around each twisting bend.
Buck je vodil ogromno krdelo šestdesetih psov okoli vsakega vijugastega ovinka.
He pushed forward, low and eager, but could not gain ground.
Pognal se je naprej, nizko in zagnano, a ni mogel pridobiti prostora.
His body flashed under the pale moon with each powerful leap.
Njegovo telo se je ob vsakem močnem skoku bliskalo pod bledo luno.

Ahead, the rabbit moved like a ghost, silent and too fast to catch.

Pred nami se je zajec premikal kot duh, tih in prehiter, da bi ga ujel.

All those old instincts—the hunger, the thrill—rushed through Buck.

Vsi tisti stari nagoni – lakota, vznemirjenje – so preplavili Bucka.

Humans feel this instinct at times, driven to hunt with gun and bullet.

Ljudje včasih čutijo ta nagon, ki jih žene k lovu s puško in kroglo.

But Buck felt this feeling on a deeper and more personal level.

Toda Buck je ta občutek čutil na globlji in bolj osebni ravni.

They could not feel the wild in their blood the way Buck could feel it.

Divjine v svoji krvi niso mogli čutiti tako, kot jo je čutil Buck.

He chased living meat, ready to kill with his teeth and taste blood.

Lovil je živo meso, pripravljen ubiti z zobmi in okusiti kri.

His body strained with joy, wanting to bathe in warm red life.

Njegovo telo se je napelo od veselja, želelo se je okopati v topli rdeči barvi življenja.

A strange joy marks the highest point life can ever reach.

Nenavadno veselje označuje najvišjo točko, ki jo lahko življenje doseže.

The feeling of a peak where the living forget they are even alive.

Občutek vrha, kjer živi pozabijo, da so sploh živi.

This deep joy touches the artist lost in blazing inspiration.

To globoko veselje se dotakne umetnika, izgubljenega v žarečem navdihu.

This joy seizes the soldier who fights wildly and spares no foe.

To veselje prevzame vojaka, ki se divje bori in ne prizanaša nobenemu sovražniku.

This joy now claimed Buck as he led the pack in primal hunger.

To veselje je zdaj prevzelo Bucka, ko je v prvinski lakoti vodil krdelo.

He howled with the ancient wolf-cry, thrilled by the living chase.

Zavil je s starodavnim volčjim krikom, navdušen nad živim lovom.

Buck tapped into the oldest part of himself, lost in the wild.

Buck se je dotaknil najstarejšega dela sebe, izgubljenega v divjini.

He reached deep within, past memory, into raw, ancient time.

Segel je globoko v sebe, mimo spomina, v surov, starodavni čas.

A wave of pure life surged through every muscle and tendon.

Val čistega življenja je preplavil vsako mišico in kito.

Each leap shouted that he lived, that he moved through death.

Vsak skok je kričal, da živi, da se premika skozi smrt.

His body soared joyfully over still, cold land that never stirred.

Njegovo telo se je veselo dvigalo nad mirno, hladno zemljo, ki se ni nikoli premaknila.

Spitz stayed cold and cunning, even in his wildest moments.

Spitz je ostal hladen in prebrisan, tudi v svojih najbolj divjih trenutkih.

He left the trail and crossed land where the creek curved wide.

Zapustil je pot in prečkal deželo, kjer se je potok široko zavil.

Buck, unaware of this, stayed on the rabbit's winding path.

Buck se tega ni zavedal in je ostal na zajčji vijugasti poti.

Then, as Buck rounded a bend, the ghost-like rabbit was before him.

Potem, ko je Buck zavil za ovinek, se je pred njim pojavil duhu podoben zajec.

He saw a second figure leap from the bank ahead of the prey.

Videl je drugo postavo, ki je skočila z brega pred plenom.

The figure was Spitz, landing right in the path of the fleeing rabbit.

Postava je bila Spitz, ki je pristal naravnost na poti bežečega zajca.

The rabbit could not turn and met Spitz's jaws in mid-air.

Zajec se ni mogel obrniti in je v zraku srečal Spitzove čeljusti.

The rabbit's spine broke with a shriek as sharp as a dying human's cry.

Zajčeva hrbtenica se je zlomila s krikom, ostrim kot krik umirajočega človeka.

At that sound—the fall from life to death—the pack howled loud.

Ob tem zvoku – padcu iz življenja v smrt – je krdelo glasno zavpilo.

A savage chorus rose from behind Buck, full of dark delight.

Izza Bucka se je zaslišal divji zbor, poln temačnega veselja.

Buck gave no cry, no sound, and charged straight into Spitz.

Buck ni zavpil, ni izdal nobenega glasu in se je pognal naravnost v Spitza.

He aimed for the throat, but struck the shoulder instead.

Nameril je v grlo, a je namesto tega zadel ramo.

They tumbled through soft snow; their bodies locked in combat.

Premetavali so se po mehkem snegu; njihova telesa so se spopadla v boju.

Spitz sprang up quickly, as if never knocked down at all.

Spitz je hitro skočil pokonci, kot da ga sploh nihče ni podrl.

He slashed Buck's shoulder, then leaped clear of the fight.

Udaril je Bucka v ramo in nato skočil iz boja.

Twice his teeth snapped like steel traps, lips curled and fierce.

Dvakrat so mu zobje skočili kot jeklene pasti, ustnice so bile stisnjene in divje.

He backed away slowly, seeking firm ground under his feet.

Počasi se je umikal in iskal trdna tla pod nogami.

Buck understood the moment instantly and fully.

Buck je trenutek razumel takoj in popolnoma.

The time had come; the fight was going to be a fight to the death.

Prišel je čas; boj se je odvil na življenje in smrt.

The two dogs circled, growling, ears flat, eyes narrowed.

Psa sta krožila okoli njih, renčala, s sploščenimi ušesi in zoženimi očmi.

Each dog waited for the other to show weakness or misstep.

Vsak pes je čakal, da drugi pokaže šibkost ali napačen korak.

To Buck, the scene felt eerily known and deeply remembered.

Bucku se je prizor zdel nenavadno znan in globoko vtisnjen v spomin.

The white woods, the cold earth, the battle under moonlight.

Beli gozdovi, mrzla zemlja, bitka pod mesečino.

A heavy silence filled the land, deep and unnatural.

Deželo je napolnila težka tišina, globoka in nenaravna.

No wind stirred, no leaf moved, no sound broke the stillness.

Noben veter se ni premaknil, noben list se ni premaknil, noben zvok ni prekinil tišine.

The dogs' breaths rose like smoke in the frozen, quiet air.

Pasji dih se je dvigal kot dim v ledenem, tihem zraku.

The rabbit was long forgotten by the pack of wild beasts.

Zajca je trop divjih zveri že zdavnaj pozabil.

These half-tamed wolves now stood still in a wide circle.

Ti napol ukročeni volkovi so zdaj stali pri miru v širokem krogu.

They were quiet, only their glowing eyes revealed their hunger.

Bili so tiho, le njihove žareče oči so razkrivale njihovo lakoto.

Their breath drifted upward, watching the final fight begin.

Zadržala sta dih, ko sta opazovala začetek zadnjega boja.

To Buck, this battle was old and expected, not strange at all.

Za Bucka je bila ta bitka stara in pričakovana, sploh ne nenavadna.

It felt like a memory of something always meant to happen.

Občutek je bil kot spomin na nekaj, kar se je vedno moralo zgoditi.

Spitz was a trained fighting dog, honed by countless wild brawls.

Špic je bil izurjen bojni pes, izpilen z neštetimi divjimi pretepmi.

From Spitzbergen to Canada, he had mastered many foes.

Od Spitzbergna do Kanade je obvladal številne sovražnike.

He was filled with fury, but never gave control to rage.

Bil je poln besa, a jeze ni nikoli obvladal.

His passion was sharp, but always tempered by hard instinct.

Njegova strast je bila ostra, a vedno jo je krotil trd nagon.

He never attacked until his own defense was in place.

Nikoli ni napadel, dokler ni imel lastne obrambe.

Buck tried again and again to reach Spitz's vulnerable neck.

Buck je znova in znova poskušal doseči Spitzov ranljiv vrat.

But every strike was met by a slash from Spitz's sharp teeth.

Toda vsak udarec je bil počaščen z rezom Spitzovih ostrih zob.

Their fangs clashed, and both dogs bled from torn lips.

Njuni zobje so se spopadli in oba psa sta krvavela iz raztrganih ustnic.

No matter how Buck lunged, he couldn't break the defense.

Ne glede na to, kako se je Buck pognal v napad, ni mogel prebiti obrambe.

He grew more furious, rushing in with wild bursts of power.

Postajal je vse bolj besen in planil noter z divjimi izbruhi moči.

Again and again, Buck struck for the white throat of Spitz.

Buck je znova in znova udarjal po Spitzovem belem grlu.

Each time Spitz evaded and struck back with a slicing bite.

Spitz se je vsakič izognil in udaril nazaj z rezalnim ugrizom.

Then Buck shifted tactics, rushing as if for the throat again.

Nato je Buck spremenil taktiko in se spet pognal, kot da bi mu šlo za grlo.

But he pulled back mid-attack, turning to strike from the side.

A sredi napada se je umaknil in se obrnil, da bi udaril s strani.

He threw his shoulder into Spitz, aiming to knock him down.

Z ramo je zadel Spitza, da bi ga podrl.

Each time he tried, Spitz dodged and countered with a slash.

Vsakič, ko je poskusil, se je Spitz izognil in odvrnil z udarcem.

Buck's shoulder grew raw as Spitz leapt clear after every hit.

Bucka je bolela rama, ko je Spitz po vsakem udarcu odskočil.

Spitz had not been touched, while Buck bled from many wounds.

Spitza se niso dotaknili, medtem ko je Buck krvavel iz številnih ran.

Buck's breath came fast and heavy, his body slick with blood.

Buck je hitro in težko dihal, telo pa je imel spolzko od krvi.

The fight turned more brutal with each bite and charge.

Boj je z vsakim ugrizom in napadom postajal bolj brutalen.

Around them, sixty silent dogs waited for the first to fall.

Okoli njih je šestdeset tihih psov čakalo, da prvi pade.

If one dog dropped, the pack were going to finish the fight.

Če bi en pes padel, bi krdelo končalo boj.

Spitz saw Buck weakening, and began to press the attack.

Spitz je videl, da Buck slabi, in začel napadati.

He kept Buck off balance, forcing him to fight for footing.

Bucka je spravil iz ravnotežja in ga prisilil, da se je moral boriti za oporo.

Once Buck stumbled and fell, and all the dogs rose up.

Nekoč se je Buck spotaknil in padel, vsi psi pa so vstali.

But Buck righted himself mid-fall, and everyone sank back down.

Toda Buck se je sredi padca poravnal in vsi so se spet pogreznili.

Buck had something rare—imagination born from deep instinct.

Buck je imel nekaj redkega – domišljijo, rojeno iz globokega nagona.

He fought by natural drive, but he also fought with cunning.

Boril se je z naravnim nagonom, a se je boril tudi z zvitostjo.

He charged again as if repeating his shoulder attack trick.

Ponovno je napadel, kot da bi ponavljal svoj trik z napadom z ramo.

But at the last second, he dropped low and swept beneath Spitz.

Toda v zadnjem trenutku se je spustil nizko in pometel pod Spitza.

His teeth locked on Spitz's front left leg with a snap.

Njegovi zobje so se s poskokom zaskočili za Spitzovo sprednjo levo nogo.

Spitz now stood unsteady, his weight on only three legs.

Spitz je zdaj stal nestabilen, saj je težil le na treh nogah.

Buck struck again, tried three times to bring him down.

Buck je znova udaril in ga trikrat poskušal podreti.

On the fourth attempt he used the same move with success

V četrtem poskusu je uspešno uporabil isto potezo.

This time Buck managed to bite the right leg of Spitz.

Tokrat je Bucku uspelo ugrizniti Spitzovo desno nogo.

Spitz, though crippled and in agony, kept struggling to survive.

Spitz, čeprav pohabljen in v agoniji, se je še naprej boril za preživetje.

He saw the circle of huskies tighten, tongues out, eyes glowing.

Videl je, kako se krog haskijev zoži, z iztegnjenimi jeziki in žarečimi očmi.

They waited to devour him, just as they had done to others.

Čakali so, da ga požrejo, tako kot so storili drugim.

This time, he stood in the center; defeated and doomed.

Tokrat je stal v središču; poražen in obsojen na propad.

There was no option to escape for the white dog now.

Beli pes ni imel več možnosti za pobeg.

Buck showed no mercy, for mercy did not belong in the wild.

Buck ni pokazal usmiljenja, saj usmiljenje v divjini ni bilo primerno.

Buck moved carefully, setting up for the final charge.

Buck se je previdno premikal in se pripravljal na zadnji napad.

The circle of huskies closed in; he felt their warm breaths.

Krog haskijev se je zožil; čutil je njihov topel dih.

They crouched low, prepared to spring when the moment came.

Sklonili so se, pripravljeni skočiti, ko bo prišel pravi trenutek.

Spitz quivered in the snow, snarling and shifting his stance.

Spitz se je tresel v snegu, renčal in spreminjal držo.

His eyes glared, lips curled, teeth flashing in desperate threat.

Oči so mu žarele, ustnice so se mu zvile, zobje pa so se mu zabliskali v obupani grožnji.

He staggered, still trying to hold off the cold bite of death.

Omahnil se je, še vedno poskušajoč zadržati hladen ugriz smrti.

He had seen this before, but always from the winning side.

To je že videl, ampak vedno z zmagovalne strani.

Now he was on the losing side; the defeated; the prey; death.

Zdaj je bil na strani poražencev; poražencev; plena; smrti.

Buck circled for the final blow, the ring of dogs pressed closer.

Buck se je obrnil za zadnji udarec, krog psov se je stisnil bližje.

He could feel their hot breaths; ready for the kill.

Čutil je njihov vroč dih; pripravljeni na uboj.

A stillness fell; all was in its place; time had stopped.

Zavladala je tišina; vse je bilo na svojem mestu; čas se je ustavil.

Even the cold air between them froze for one last moment.

Celo hladen zrak med njima je za zadnji trenutek zmrznil.

Only Spitz moved, trying to hold off his bitter end.

Samo Spitz se je premaknil in poskušal zadržati svoj grenki konec.

The circle of dogs was closing in around him, as was his destiny.

Krog psov se je ovijal okoli njega, tako kot njegova usoda.

He was desperate now, knowing what was about to happen.

Zdaj je bil obupan, saj je vedel, kaj se bo zgodilo.

Buck sprang in, shoulder met shoulder one last time.

Buck je skočil noter, rama se je srečala še zadnjič.

The dogs surged forward, covering Spitz in the snowy dark.

Psi so planili naprej in v snežni temi prekrili Spitza.

Buck watched, standing tall; the victor in a savage world.

Buck je opazoval, stoječ vzravnano; zmagovalec v divjem svetu.

The dominant primordial beast had made its kill, and it was good.

Dominantna prvobitna zver je ubila svojega, in to je bilo dobro.

He, Who Has Won to Mastership
On, ki je zmagal do mojstrstva

"Eh? What did I say? I speak true when I say Buck is a devil."

„Kaj? Kaj sem rekel? Resnico imam, ko pravim, da je Buck hudič."

François said this the next morning after finding Spitz missing.

François je to povedal naslednje jutro, potem ko je ugotovil, da Spitz pogreša.

Buck stood there, covered with wounds from the vicious fight.

Buck je stal tam, prekrit z ranami od hudega boja.

François pulled Buck near the fire and pointed at the injuries.

François je potegnil Bucka k ognju in pokazal na poškodbe.

"That Spitz fought like the Devik," said Perrault, eyeing the deep gashes.

»Ta Spitz se je boril kot Devik,« je rekel Perrault, medtem ko je opazoval globoke rane.

"And that Buck fought like two devils," François replied at once.

„In ta Buck se je boril kot dva hudiča," je takoj odgovoril François.

"Now we will make good time; no more Spitz, no more trouble."

"Zdaj bomo kar hitro napredovali; nič več Špica, nič več težav."

Perrault was packing the gear and loaded the sled with care.

Perrault je pakiral opremo in skrbno naložil sani.

François harnessed the dogs in preparation for the day's run.

François je pse vpregel v pripravah na dnevni tek.

Buck trotted straight to the lead position once held by Spitz.

Buck je stekel naravnost do vodilnega položaja, ki ga je nekoč zasedal Spitz.

But François, not noticing, led Solleks forward to the front.

Toda François, ne da bi opazil, je Solleksa vodil naprej.

In François's judgment, Solleks was now the best lead-dog.

Po Françoisovi presoji je bil Solleks zdaj najboljši pes za vodenje.

Buck sprang at Solleks in fury and drove him back in protest.

Buck je besno skočil na Solleksa in ga v znak protesta potisnil nazaj.

He stood where Spitz once had stood, claiming the lead position.

Stal je tam, kjer je nekoč stal Spitz, in si prisvojil vodilni položaj.

"Eh? Eh?" cried François, slapping his thighs in amusement.

„Kaj? Ka?" je vzkliknil François in se zabavano tlesknil po stegnih.

"Look at Buck—he killed Spitz, now he wants to take the job!"

„Poglej Bucka – ubil je Spitza, zdaj pa hoče prevzeti še službo!"

"Go away, Chook!" he shouted, trying to drive Buck away.

„Pojdi stran, Chook!" je zavpil in poskušal odgnati Bucka.

But Buck refused to move and stood firm in the snow.

Toda Buck se ni hotel premakniti in je trdno stal v snegu.

François grabbed Buck by the scruff, dragging him aside.

François je zgrabil Bucka za rit in ga odvlekel na stran.

Buck growled low and threateningly but did not attack.

Buck je tiho in grozeče zarenčal, vendar ni napadel.

François put Solleks back in the lead, trying to settle the dispute

François je Solleks spet prevzel vodstvo in poskušal rešiti spor.

The old dog showed fear of Buck and didn't want to stay.

Stari pes se je bal Bucka in ni hotel ostati.

When François turned his back, Buck drove Solleks out again.

Ko se je François obrnil, je Buck spet pregnal Solleksa ven.

Solleks did not resist and quietly stepped aside once more.

Solleks se ni upiral in se je spet tiho umaknil.

François grew angry and shouted, "By God, I fix you!"
François se je razjezil in zavpil: »Pri Bogu, popravil te bom!«
He came toward Buck holding a heavy club in his hand.
Prišel je proti Bucku in v roki držal težko palico.
Buck remembered the man in the red sweater well.
Buck se je dobro spominjal moškega v rdečem puloverju.
He retreated slowly, watching François, but growling deeply.
Počasi se je umikal, opazoval Françoisa, a je pri tem globoko renčal.
He did not rush back, even when Solleks stood in his place.
Ni se umaknil, niti ko je Solleks stal na njegovem mestu.
Buck circled just beyond reach, snarling in fury and protest.
Buck je krožil tik pred dosegom, besno in protestno renčajoč.
He kept his eyes on the club, ready to dodge if François threw.
Oči je imel uprte v palico, pripravljen se je izogniti, če bi jo François vrgel.
He had grown wise and wary in the ways of men with weapons.
Postal je moder in previden glede načinov ravnanja z orožjem.
François gave up and called Buck to his former place again.
François je obupal in spet poklical Bucka na svoje prejšnje mesto.
But Buck stepped back cautiously, refusing to obey the order.
Toda Buck je previdno stopil nazaj in ni hotel ubogati ukaza.
François followed, but Buck only retreated a few steps more.
François mu je sledil, Buck pa se je umaknil le še nekaj korakov.
After some time, François threw the weapon down in frustration.
Čez nekaj časa je François v frustraciji vrgel orožje na tla.
He thought Buck feared a beating and was going to come quietly.
Mislil je, da se Buck boji pretepa in da bo prišel tiho.

But Buck wasn't avoiding punishment — he was fighting for rank.
Toda Buck se ni izogibal kazni – boril se je za čin.
He had earned the lead-dog spot through a fight to the death
Mesto vodilnega psa si je prislužil z bojem na smrt.
he was not going to settle for anything less than being the leader.
Ni se hotel zadovoljiti z nič manj kot s tem, da bi bil vodja.

Perrault took a hand in the chase to help catch the rebellious Buck.
Perrault se je vmešal v zasledovanje, da bi pomagal ujeti uporniškega Bucka.
Together, they ran him around the camp for nearly an hour.
Skupaj sta ga skoraj eno uro vodila po taborišču.
They hurled clubs at him, but Buck dodged each one skillfully.
Metali so ga s palicami, toda Buck se je vsaki spretno izognil.
They cursed him, his ancestors, his descendants, and every hair on him.
Prekleli so njega, njegove prednike, njegove potomce in vsak las na njem.
But Buck only snarled back and stayed just out of their reach.
Toda Buck je le zarenčal nazaj in se ostal tik izven njihovega dosega.
He never tried to run away but circled the camp deliberately.
Nikoli ni poskušal pobegniti, ampak je namerno krožil okoli tabora.
He made it clear he was going to obey once they gave him what he wanted.
Jasno je dal vedeti, da bo ubogal, ko mu bodo dali, kar hoče.
François finally sat down and scratched his head in frustration.
François se je končno usedel in se od frustracije popraskal po glavi.

Perrault checked his watch, swore, and muttered about lost time.

Perrault je pogledal na uro, preklinjal in mrmral o izgubljenem času.

An hour had already passed when they should have been on the trail.

Ura je že minila, ko bi morali biti na poti.

François shrugged sheepishly at the courier, who sighed in defeat.

François je sramežljivo skomignil z rameni proti kurirju, ki je poraženo zavzdihnil.

Then François walked to Solleks and called out to Buck once more.

Nato je François stopil do Solleksa in še enkrat poklical Bucka.

Buck laughed like a dog laughs, but kept his cautious distance.

Buck se je smejal kot pes, a je držal previdno razdaljo.

François removed Solleks's harness and returned him to his spot.

François je Solleksu snel oprsnico in ga vrnil na njegovo mesto.

The sled team stood fully harnessed, with only one spot unfilled.

Sankaška vprega je stala popolnoma izprežena, le eno mesto je bilo prazno.

The lead position remained empty, clearly meant for Buck alone.

Vodilni položaj je ostal prazen, očitno namenjen samo Bucku.

François called again, and again Buck laughed and held his ground.

François je spet poklical in Buck se je spet zasmejal in vztrajal pri svojem.

"Throw down the club," Perrault ordered without hesitation.

»Vrzi palico,« je brez oklevanja ukazal Perrault.

François obeyed, and Buck immediately trotted forward proudly.

François je ubogal in Buck je takoj ponosno stekel naprej.

He laughed triumphantly and stepped into the lead position.
Zmagoslavno se je zasmejal in stopil na vodilni položaj.
François secured his traces, and the sled was broken loose.
François je zavaroval svoje sledi in sani so se odtrgale.
Both men ran alongside as the team raced onto the river trail.
Oba moška sta tekla skupaj, ko je ekipa dirjala po rečni poti.
François had thought highly of Buck's "two devils,"
François je imel Buckova »dve hudiči« zelo dobro mnenje.
but he soon realized he had actually underestimated the dog.
a kmalu je spoznal, da je psa pravzaprav podcenil.
Buck quickly assumed leadership and performed with excellence.
Buck je hitro prevzel vodstvo in se odlično odrezal.
In judgment, quick thinking, and fast action, Buck surpassed Spitz.
V presoji, hitrem razmišljanju in hitrem delovanju je Buck prekosil Spitza.
François had never seen a dog equal to what Buck now displayed.
François še nikoli ni videl psa, ki bi bil enak temu, kar je Buck zdaj razkazoval.
But Buck truly excelled in enforcing order and commanding respect.
Toda Buck je resnično blestel v uveljavljanju reda in vzbujanju spoštovanja.
Dave and Solleks accepted the change without concern or protest.
Dave in Solleks sta spremembo sprejela brez skrbi ali protesta.
They focused only on work and pulling hard in the reins.
Osredotočili so se le na delo in močno vlečenje vajeti.
They cared little who led, so long as the sled kept moving.
Ni jih bilo mar, kdo vodi, dokler so se sani premikale.
Billee, the cheerful one, could have led for all they cared.
Billee, tista vesela, bi lahko vodila, če bi jim bilo mar.
What mattered to them was peace and order in the ranks.
Pomembna jim je bila mir in red v vrstah.

The rest of the team had grown unruly during Spitz's decline.

Preostali del ekipe je med Spitzovim upadanjem postal neubogljiv.

They were shocked when Buck immediately brought them to order.

Bili so šokirani, ko jih je Buck takoj spravil v red.

Pike had always been lazy and dragging his feet behind Buck.

Pike je bil vedno len in se je vlekel za Buckom.

But now was sharply disciplined by the new leadership.

A zdaj ga je novo vodstvo ostro discipliniralo.

And he quickly learned to pull his weight in the team.

In hitro se je naučil prevzeti svojo vlogo v ekipi.

By the end of the day, Pike worked harder than ever before.

Do konca dneva je Pike delal bolj kot kdaj koli prej.

That night in camp, Joe, the sour dog, was finally subdued.

Tisto noč v taboru je bil Joe, kisli pes, končno ukročen.

Spitz had failed to discipline him, but Buck did not fail.

Spitz ga ni uspel disciplinirati, Buck pa ni odpovedal.

Using his greater weight, Buck overwhelmed Joe in seconds.

Buck je s svojo večjo težo v nekaj sekundah premagal Joeja.

He bit and battered Joe until he whimpered and ceased resisting.

Grizel in pretepal je Joeja, dokler ni zastokal in se nehal upirati.

The whole team improved from that moment on.

Celotna ekipa se je od tistega trenutka naprej izboljšala.

The dogs regained their old unity and discipline.

Psi so si povrnili staro enotnost in disciplino.

At Rink Rapids, two new native huskies, Teek and Koona, joined.

V Rink Rapidsu sta se pridružila dva nova avtohtona haskija, Teek in Koona.

Buck's swift training of them astonished even François.

Buckova hitra dresura je osupnila celo Françoisa.

"Never was there such a dog as that Buck!" he cried in amazement.

„Nikoli ni bilo takega psa kot je ta Buck!" je zavpil od začudenja.

"No, never! He's worth one thousand dollars, by God!"

"Ne, nikoli! Vreden je tisoč dolarjev, bogve!"

"Eh? What do you say, Perrault?" he asked with pride.

„Kaj? Kaj praviš, Perrault?" je vprašal s ponosom.

Perrault nodded in agreement and checked his notes.

Perrault je prikimal v znak strinjanja in preveril svoje zapiske.

We're already ahead of schedule and gaining more each day.

Že prehitevamo urnik in vsak dan pridobivamo več.

The trail was hard-packed and smooth, with no fresh snow.

Pot je bila utrjena in gladka, brez svežega snega.

The cold was steady, hovering at fifty below zero throughout.

Mraz je bil vztrajen, ves čas se je gibal okoli petdeset stopinj pod ničlo.

The men rode and ran in turns to keep warm and make time.

Moški so jahali in tekli izmenično, da bi se ogreli in imeli čas.

The dogs ran fast with few stops, always pushing forward.

Psi so tekli hitro z le nekaj postanki in vedno naprej.

The Thirty Mile River was mostly frozen and easy to travel across.

Reka Trideset milj je bila večinoma zamrznjena in jo je bilo enostavno prečkati.

They went out in one day what had taken ten days coming in.

Odšli so v enem dnevu, kar je trajalo deset dni, da so prišli.

They made a sixty-mile dash from Lake Le Barge to White Horse.

Pretekla sta šestdeset milj od jezera Le Barge do Belega konja.

Across Marsh, Tagish, and Bennett Lakes they moved incredibly fast.

Čez jezera Marsh, Tagish in Bennett so se premikali neverjetno hitro.

The running man towed behind the sled on a rope.

Tekalec je vlekel sani na vrvi.

On the last night of week two they got to their destination.

Zadnjo noč drugega tedna so prispeli na cilj.

They had reached the top of White Pass together.

Skupaj sta dosegla vrh Belega prelaza.

They dropped down to sea level with Skaguay's lights below them.

Spustili so se na morsko gladino, pod njimi pa so bile luči Skaguaya.

It had been a record-setting run across miles of cold wilderness.

Bil je rekorden tek čez kilometre mrzle divjine.

For fourteen days straight, they averaged a strong forty miles.

Štirinajst dni zapored so v povprečju prevozili dobrih štirideset milj.

In Skaguay, Perrault and François moved cargo through town.

V Skaguayu sta Perrault in François prevažala tovor skozi mesto.

They were cheered and offered many drinks by admiring crowds.

Občudujoča množica jih je pozdravljala in jim ponujala veliko pijače.

Dog-busters and workers gathered around the famous dog team.

Lovci na pse in delavci so se zbrali okoli slavne pasje vprege.

Then western outlaws came to town and met violent defeat.

Nato so v mesto prišli zahodni izobčenci in doživeli nasilni poraz.

The people soon forgot the team and focused on new drama.

Ljudje so kmalu pozabili na ekipo in se osredotočili na novo dramo.

Then came the new orders that changed everything at once.

Nato so prišli novi ukazi, ki so vse naenkrat spremenili.

François called Buck to him and hugged him with tearful pride.

François je poklical Bucka k sebi in ga s solzami v ponosu objel.

That moment was the last time Buck ever saw François again.

Ta trenutek je bil zadnjič, ko je Buck spet videl Françoisa.

Like many men before, both François and Perrault were gone.

Kot mnogi moški prej sta bila tudi François in Perrault odsotna.

A Scotch half-breed took charge of Buck and his sled dog teammates.

Škotski mešanec je prevzel nadzor nad Buckom in njegovimi soigralci v ekipi za vlečne pse.

With a dozen other dog teams, they returned along the trail to Dawson.

Z ducatom drugih pasjih vpreg so se vrnili po poti v Dawson.

It was no fast run now—just heavy toil with a heavy load each day.

Ni bilo več hitrega teka – le težko delo s težkim bremenom vsak dan.

This was the mail train, bringing word to gold hunters near the Pole.

To je bil poštni vlak, ki je prinašal novice lovcem na zlato blizu tečaja.

Buck disliked the work but bore it well, taking pride in his effort.

Bucku delo ni bilo všeč, a ga je dobro prenašal in bil ponosen na svoj trud.

Like Dave and Solleks, Buck showed devotion to every daily task.

Tako kot Dave in Solleks je tudi Buck pokazal predanost vsaki dnevni nalogi.

He made sure his teammates each pulled their fair weight.

Poskrbel je, da bo vsak od njegovih soigralcev odgovarjal svojim potrebam.

Trail life became dull, repeated with the precision of a machine.

Življenje na poti je postalo dolgočasno, ponavljalo se je z natančnostjo stroja.

Each day felt the same, one morning blending into the next.

Vsak dan je bil enak, eno jutro se je zlivalo z naslednjim.

At the same hour, the cooks rose to build fires and prepare food.

Ob isti uri so kuharji vstali, da bi zakurili ogenj in pripravili hrano.

After breakfast, some left camp while others harnessed the dogs.

Po zajtrku so nekateri zapustili tabor, drugi pa so vpregli pse.

They hit the trail before the dim warning of dawn touched the sky.

Na pot so se podali, še preden se je nebo dotaknilo medlo opozorilo na zori.

At night, they stopped to make camp, each man with a set duty.

Ponoči so se ustavili, da bi postavili tabor, vsak moški pa je imel določeno dolžnost.

Some pitched the tents, others cut firewood and gathered pine boughs.

Nekateri so postavili šotore, drugi so sekali drva in nabirali borove veje.

Water or ice was carried back to the cooks for the evening meal.

Za večerjo so kuharjem prinesli vodo ali led.

The dogs were fed, and this was the best part of the day for them.

Psi so bili nahranjeni in to je bil zanje najboljši del dneva.

After eating fish, the dogs relaxed and lounged near the fire.

Potem ko so pojedli ribo, so se psi sprostili in poležavali ob ognju.

There were a hundred other dogs in the convoy to mingle with.

V konvoju je bilo še sto drugih psov, s katerimi se je bilo mogoče družiti.

Many of those dogs were fierce and quick to fight without warning.

Mnogi od teh psov so bili divji in so se hitro borili brez opozorila.

But after three wins, Buck mastered even the fiercest fighters.

Toda po treh zmagah je Buck obvladal celo najhujše borce.

Now when Buck growled and showed his teeth, they stepped aside.

Ko je Buck zarenčal in pokazal zobe, so se umaknili.

Perhaps best of all, Buck loved lying near the flickering campfire.

Morda je bilo najboljše od vsega to, da je Buck rad ležal ob utripajočem tabornem ognju.

He crouched with hind legs tucked and front legs stretched ahead.

Sklonil se je s pokrčenimi zadnjimi nogami in iztegnjenimi sprednjimi nogami naprej.

His head was raised as he blinked softly at the glowing flames.

Dvignil je glavo in tiho pomežiknil proti žarečim plamenom.

Sometimes he recalled Judge Miller's big house in Santa Clara.

Včasih se je spominjal velike hiše sodnika Millerja v Santa Clari.

He thought of the cement pool, of Ysabel, and the pug called Toots.

Pomislil je na cementni bazen, na Ysabel in mopsa po imenu Toots.

But more often he remembered the man with the red sweater's club.

A pogosteje se je spominjal moškega z rdečim puloverjem.

He remembered Curly's death and his fierce battle with Spitz.

Spomnil se je Kodrastijeve smrti in njegovega hudega boja s Spitzom.

He also recalled the good food he had eaten or still dreamed of.

Spomnil se je tudi dobre hrane, ki jo je jedel ali o kateri je še vedno sanjal.

Buck was not homesick — the warm valley was distant and unreal.

Buck ni čutil domotožja – topla dolina je bila oddaljena in neresnična.

Memories of California no longer held any real pull over him.

Spomini na Kalifornijo ga niso več zares privlačili.

Stronger than memory were instincts deep in his bloodline.

Močnejši od spomina so bili nagoni, globoko zakoreninjeni v njegovi krvni liniji.

Habits once lost had returned, revived by the trail and the wild.

Navade, ki so jih nekoč izgubili, so se vrnile, oživljene s potjo in divjino.

As Buck watched the firelight, it sometimes became something else.

Ko je Buck opazoval svetlobo ognja, je ta včasih postala nekaj drugega.

He saw in the firelight another fire, older and deeper than the present one.

V soju ognja je zagledal drug ogenj, starejši in globlji od sedanjega.

Beside that other fire crouched a man unlike the half-breed cook.

Ob tistem drugem ognju je čepel moški, ki ni bil podoben mešancu kuharju.

This figure had short legs, long arms, and hard, knotted muscles.

Ta figura je imela kratke noge, dolge roke in trde, vozlane mišice.

His hair was long and matted, sloping backward from the eyes.

Njegovi lasje so bili dolgi in spleteni, padali so nazaj od oči.

He made strange sounds and stared out in fear at the darkness.

Spuščal je čudne zvoke in prestrašeno strmel v temo.

He held a stone club low, gripped tightly in his long rough hand.

Kamnito palico je držal nizko, močno stisnjeno v dolgi, hrapavi roki.

The man wore little; just a charred skin that hung down his back.

Moški je bil oblečen le v zoglenelo kožo, ki mu je visela po hrbtu.

His body was covered with thick hair across arms, chest, and thighs.

Njegovo telo je bilo prekrito z gostimi dlakami po rokah, prsih in stegnih.

Some parts of the hair were tangled into patches of rough fur.

Nekateri deli dlake so bili zapleteni v pramene grobe dlake.

He did not stand straight but bent forward from the hips to knees.

Ni stal vzravnano, ampak se je sklonil naprej od bokov do kolen.

His steps were springy and catlike, as if always ready to leap.

Njegovi koraki so bili prožni in mačji, kot da bi bil vedno pripravljen skočiti.

There was a sharp alertness, like he lived in constant fear.

Bila je ostra budnost, kot da bi živel v nenehnem strahu.

This ancient man seemed to expect danger, whether the danger was seen or not.

Zdelo se je, da ta starodavni mož pričakuje nevarnost, ne glede na to, ali je bila nevarnost vidna ali ne.

At times the hairy man slept by the fire, head tucked between legs.

Včasih je kosmati mož spal ob ognju, z glavo stisnjeno med noge.

His elbows rested on his knees, hands clasped above his head.
Komolce je imel naslonjene na kolena, roke sklenjene nad glavo.
Like a dog he used his hairy arms to shed off the falling rain.
Kot pes je s svojimi dlakavimi rokami brisal padajoči dež.
Beyond the firelight, Buck saw twin coals glowing in the dark.
Onkraj ognja je Buck v temi zagledal dvojni žerjav.
Always two by two, they were the eyes of stalking beasts of prey.
Vedno dva krat dva, sta bila oči zalezovalnih zveri.
He heard bodies crash through brush and sounds made in the night.
Slišal je trupla, ki so se tresla skozi grmovje, in zvoke, ki so se pojavljali v noči.
Lying on the Yukon bank, blinking, Buck dreamed by the fire.
Buck je ležal na bregu Yukona in pomežiknil, sanjajoč ob ognju.
The sights and sounds of that wild world made his hair stand up.
Ob prizorih in zvokih tega divjega sveta so mu lasje vstali.
The fur rose along his back, his shoulders, and up his neck.
Dlaka se mu je dvigala po hrbtu, ramenih in vratu.
He whimpered softly or gave a low growl deep in his chest.
Tiho je stokal ali pa globoko v prsih tiho zarjovel.
Then the half-breed cook shouted, "Hey, you Buck, wake up!"
Tedaj je mešanec kuhar zavpil: "Hej, Buck, zbudi se!"
The dream world vanished, and real life returned to Buck's eyes.
Sanjski svet je izginil in v Buckove oči se je vrnilo resnično življenje.
He was going to get up, stretch, and yawn, as if woken from a nap.
Vstal bo, se pretegnil in zazehal, kot bi se prebudil iz dremeža.

The trip was hard, with the mail sled dragging behind them.
Pot je bila težka, saj se je za njimi vlekla poštna sani.
Heavy loads and tough work wore down the dogs each long day.
Težka bremena in naporno delo so pse vsak dolg dan izčrpavali.
They reached Dawson thin, tired, and needing over a week's rest.
V Dawson so prispeli shujšani, utrujeni in potrebovali so več kot teden dni počitka.
But only two days later, they set out down the Yukon again.
Toda le dva dni kasneje so se spet odpravili po Yukonu.
They were loaded with more letters bound for the outside world.
Naložena so bila s še več pismi, namenjenimi v zunanji svet.
The dogs were exhausted and the men were complaining constantly.
Psi so bili izčrpani, moški pa so se nenehno pritoževali.
Snow fell every day, softening the trail and slowing the sleds.
Sneg je padal vsak dan, mehčal pot in upočasnjeval sani.
This made for harder pulling and more drag on the runners.
To je povzročilo težje vlečenje in večji upor na tekačih.
Despite that, the drivers were fair and cared for their teams.
Kljub temu so bili vozniki pošteni in so skrbeli za svoje ekipe.
Each night, the dogs were fed before the men got to eat.
Vsako noč so pse nahranili, preden so moški lahko jedli.
No man slept before checking the feet of his own dog's.
Nihče ni spal, preden ni preveril nog svojega psa.
Still, the dogs grew weaker as the miles wore on their bodies.
Kljub temu so psi postajali šibkejši, ko so kilometri nabirali njihova telesa.
They had traveled eighteen hundred miles through the winter.
Čez zimo so prepotovali osemsto kilometrov.
They pulled sleds across every mile of that brutal distance.

Sani so vlekli čez vsako miljo te brutalne razdalje.

Even the toughest sled dogs feel strain after so many miles.

Tudi najtrši vlečni psi po toliko prevoženih kilometrih občutijo napor.

Buck held on, kept his team working, and maintained discipline.

Buck je vztrajal, ohranjal delovanje svoje ekipe in disciplino.

But Buck was tired, just like the others on the long journey.

Toda Buck je bil utrujen, tako kot drugi na dolgi poti.

Billee whimpered and cried in his sleep each night without fail.

Billee je vsako noč brez izjeme cvilil in jokal v spanju.

Joe grew even more bitter, and Solleks stayed cold and distant.

Joe je postal še bolj zagrenjen, Solleks pa je ostal hladen in distanciran.

But it was Dave who suffered the worst out of the entire team.

Ampak od celotne ekipe je bil Dave tisti, ki je najhuje trpel.

Something had gone wrong inside him, though no one knew what.

Nekaj je šlo narobe v njem, čeprav nihče ni vedel, kaj.

He became moodier and snapped at others with growing anger.

Postajal je bolj muhast in se je z vse večjo jezo ostro spopadal z drugimi.

Each night he went straight to his nest, waiting to be fed.

Vsako noč je šel naravnost v svoje gnezdo in čakal, da ga nahranijo.

Once he was down, Dave did not get up again till morning.

Ko je bil enkrat na tleh, se Dave ni zbudil do jutra.

On the reins, sudden jerks or starts made him cry out in pain.

Na vajetih so ga nenadni sunki ali trzanje spravili v krik od bolečine.

His driver searched for the cause, but found no injury on him.

Njegov voznik je iskal vzrok, vendar pri njem ni našel nobenih poškodb.

All the drivers began watching Dave and discussed his case.

Vsi vozniki so začeli opazovati Davea in razpravljati o njegovem primeru.

They talked at meals and during their final smoke of the day.

Pogovarjala sta se pri obrokih in med zadnjim kajenjem dneva.

One night they held a meeting and brought Dave to the fire.

Neke noči so imeli sestanek in Davea pripeljali k ognju.

They pressed and probed his body, and he cried out often.

Pritiskali in prebadali so njegovo telo, zato je pogosto kričal.

Clearly, something was wrong, though no bones seemed broken.

Očitno je bilo nekaj narobe, čeprav se je zdelo, da ni zlomljenih nobenih kosti.

By the time they reached Cassiar Bar, Dave was falling down.

Ko so prispeli do Cassiar Bara, je Dave že padal dol.

The Scotch half-breed called a halt and removed Dave from the team.

Škotski mešanec je ustavil igro in Davea odstranil iz ekipe.

He fastened Solleks in Dave's place, closest to the sled's front.

Solleks je pritrdil na Daveovo mesto, najbližje sprednjemu delu sani.

He meant to let Dave rest and run free behind the moving sled.

Nameraval je pustiti Davea, da se spočije in prosto teče za premikajočimi se sanmi.

But even sick, Dave hated being taken from the job he had owned.

A kljub bolezni je Dave sovražil, da so ga vzeli iz službe, ki jo je prej opravljal.

He growled and whimpered as the reins were pulled from his body.

Zarenčal je in stokal, ko so mu vajeti sneli z telesa.

When he saw Solleks in his place, he cried with broken-hearted pain.

Ko je zagledal Solleksa na svojem mestu, je jokal od strte bolečine.

The pride of trail work was deep in Dave, even as death approached.

Ponos na delo na poti je bil globoko v Daveu, tudi ko se je bližala smrt.

As the sled moved, Dave floundered through soft snow near the trail.

Medtem ko so se sani premikale, se je Dave spotikal po mehkem snegu blizu poti.

He attacked Solleks, biting and pushing him from the sled's side.

Napadel je Solleksa, ga ugriznil in porinil s strani sani.

Dave tried to leap into the harness and reclaim his working spot.

Dave je poskušal skočiti v varnostni pas in si povrniti delovno mesto.

He yelped, whined, and cried, torn between pain and pride in labor.

Cvilil je, stokal in jokal, razpet med bolečino in ponosom pri delu.

The half-breed used his whip to try driving Dave away from the team.

Mešanec je s svojim bičem poskušal Davea odgnati od ekipe.

But Dave ignored the lash, and the man couldn't strike him harder.

Toda Dave je ignoriral udarec z bičem in moški ga ni mogel udariti močneje.

Dave refused the easier path behind the sled, where snow was packed.

Dave je zavrnil lažjo pot za sanmi, kjer je bil sneg zbit.

Instead, he struggled in the deep snow beside the trail, in misery.

Namesto tega se je mučil v globokem snegu ob poti, v bedi.

Eventually, Dave collapsed, lying in the snow and howling in pain.

Sčasoma se je Dave zgrudil, ležal v snegu in tulil od bolečin.

He cried out as the long train of sleds passed him one by one.

Zavpil je, ko ga je dolga kolona sani ena za drugo peljala mimo.

Still, with what strength remained, he rose and stumbled after them.

Vseeno pa je s preostalimi močmi vstal in se opotekajoče odpravil za njimi.

He caught up when the train stopped again and found his old sled.

Ko se je vlak spet ustavil, ga je dohitel in našel svoje stare sani.

He floundered past the other teams and stood beside Solleks again.

Prebil se je mimo drugih ekip in spet stal poleg Solleksa.

As the driver paused to light his pipe, Dave took his last chance.

Ko se je voznik ustavil, da bi prižgal pipo, je Dave izkoristil še zadnjo priložnost.

When the driver returned and shouted, the team didn't move forward.

Ko se je voznik vrnil in zakričal, se ekipa ni premaknila naprej.

The dogs had turned their heads, confused by the sudden stoppage.

Psi so obrnili glave, zmedeni zaradi nenadne zaustavitve.

The driver was shocked too—the sled hadn't moved an inch forward.

Tudi voznik je bil šokiran – sani se niso premaknile niti za centimeter naprej.

He called out to the others to come and see what had happened.

Poklical je ostale, naj pridejo pogledat, kaj se je zgodilo.

Dave had chewed through Solleks's reins, breaking both apart.

Dave je pregrizel Solleksove vajeti in jih obe raztrgal.

Now he stood in front of the sled, back in his rightful position.

Zdaj je stal pred sanmi, spet na svojem pravem mestu.

Dave looked up at the driver, silently pleading to stay in the traces.

Dave je pogledal voznika in ga tiho prosil, naj ostane v zaostanku.

The driver was puzzled, unsure of what to do for the struggling dog.

Voznik je bil zmeden in ni vedel, kaj naj stori za psa, ki se je mučil.

The other men spoke of dogs who had died from being taken out.

Drugi moški so govorili o psih, ki so poginili, ker so jih odpeljali ven.

They told of old or injured dogs whose hearts broke when left behind.

Pripovedovali so o starih ali poškodovanih psih, ki so jim srce strlo, ko so jih pustili same.

They agreed it was mercy to let Dave die while still in his harness.

Strinjali so se, da je usmiljenje pustiti Davea umreti, medtem ko je bil še v varnostnem pasu.

He was fastened back onto the sled, and Dave pulled with pride.

Privezali so ga nazaj na sani in Dave je ponosno vlekel.

Though he cried out at times, he worked as if pain could be ignored.

Čeprav je včasih zavpil, je delal, kot da bi bolečino lahko prezrl.

More than once he fell and was dragged before rising again.

Večkrat je padel in so ga vlekli, preden je spet vstal.

Once, the sled rolled over him, and he limped from that moment on.

Enkrat so se sani prevrnile čez njega in od tistega trenutka naprej je šepal.

Still, he worked until camp was reached, and then lay by the fire.

Vseeno je delal, dokler ni dosegel tabora, nato pa se je ulegel k ognju.

By morning, Dave was too weak to travel or even stand upright.

Do jutra je bil Dave prešibak, da bi lahko potoval ali celo stal pokonci.

At harness-up time, he tried to reach his driver with trembling effort.

Ko je bil čas za pripenjanje, je s tresočim naporom poskušal doseči svojega voznika.

He forced himself up, staggered, and collapsed onto the snowy ground.

Prisilil se je vstati, se opotekel in se zgrudil na zasnežena tla.

Using his front legs, he dragged his body toward the harnessing area.

S sprednjimi nogami je vlekel svoje telo proti območju za vprego.

He hitched himself forward, inch by inch, toward the working dogs.

Korak za korakom se je prebijal naprej proti delovnim psom.

His strength gave out, but he kept moving in his last desperate push.

Moči so ga popuščale, a je v svojem zadnjem obupanem sunku vztrajal.

His teammates saw him gasping in the snow, still longing to join them.

Soigralci so ga videli, kako je v snegu sopihal in si še vedno želel, da bi se jim pridružil.

They heard him howling with sorrow as they left the camp behind.

Slišali so ga, kako je žalostno zavijal, ko so zapuščali tabor.

As the team vanished into trees, Dave's cry echoed behind them.

Ko je ekipa izginila med drevesi, se je za njimi razlegel Daveov krik.

The sled train halted briefly after crossing a stretch of river timber.

Vprega se je na kratko ustavila po prečkanju odseka rečnega gozda.

The Scotch half-breed walked slowly back toward the camp behind.

Škotski mešanec se je počasi vračal proti taboru za seboj.

The men stopped speaking when they saw him leave the sled train.

Moški so nehali govoriti, ko so ga videli, da zapušča vlak sani.

Then a single gunshot rang out clear and sharp across the trail.

Nato je po poti jasno in ostro odjeknil en sam strel.

The man returned quickly and took up his place without a word.

Moški se je hitro vrnil in brez besed zasedel svoje mesto.

Whips cracked, bells jingled, and the sleds rolled on through snow.

Biči so pokali, zvončki so zazveneli in sani so se kotalile naprej skozi sneg.

But Buck knew what had happened — and so did every other dog.

Toda Buck je vedel, kaj se je zgodilo – in tako so vedeli tudi vsi drugi psi.

The Toil of Reins and Trail
Trdo delo vajeti in poti

Thirty days after leaving Dawson, the Salt Water Mail reached Skaguay.

Trideset dni po odhodu iz Dawsona je Salt Water Mail prispel v Skaguay.

Buck and his teammates pulled the lead, arriving in pitiful condition.

Buck in njegovi soigralci so prevzeli vodstvo, a so prispeli v obupnem stanju.

Buck had dropped from one hundred forty to one hundred fifteen pounds.

Buck je shujšal s sto štirideset na sto petnajst funtov.

The other dogs, though smaller, had lost even more body weight.

Drugi psi, čeprav manjši, so izgubili še več telesne teže.

Pike, once a fake limper, now dragged a truly injured leg behind him.

Pike, nekoč lažni šepavec, je zdaj za seboj vlekel resnično poškodovano nogo.

Solleks was limping badly, and Dub had a wrenched shoulder blade.

Solleks je močno šepal, Dub pa je imel izvinjeno lopatico.

Every dog in the team was footsore from weeks on the frozen trail.

Vsak pes v ekipi je imel od tednov na zamrznjeni poti boleče noge.

They had no spring left in their steps, only slow, dragging motion.

V njihovih korakih ni bilo več pomladi, le počasno, vlečno gibanje.

Their feet hit the trail hard, each step adding more strain to their bodies.

Njihove noge so močno udarjale po poti, vsak korak pa je njihova telesa še bolj obremenjeval.

They were not sick, only drained beyond all natural recovery.

Niso bili bolni, le izčrpani do te mere, da so si opomogli do naravnega stanja.

This was not tiredness from one hard day, cured with a night's rest.

To ni bila utrujenost po enem napornem dnevu, ki bi jo pozdravil nočni počitek.

It was exhaustion built slowly through months of grueling effort.

Bila je izčrpanost, ki se je počasi kopičila skozi mesece napornega truda.

No reserve strength remained—they had used up every bit they had.

Niso imeli nobene rezervne moči – porabili so že vse, kar so imeli.

Every muscle, fiber, and cell in their bodies was spent and worn.

Vsaka mišica, vlakno in celica v njihovih telesih je bila izčrpana in obrabljena.

And there was a reason—they had covered twenty-five hundred miles.

In za to je bil razlog – prevozili so dve tisoč petsto milj.

They had rested only five days during the last eighteen hundred miles.

V zadnjih osemsto kilometrih so počivali le pet dni.

When they reached Skaguay, they looked barely able to stand upright.

Ko so prispeli v Skaguay, so bili videti komaj sposobni stati pokonci.

They struggled to keep the reins tight and stay ahead of the sled.

Trudili so se, da bi trdno držali vajeti in ostali pred sanmi.

On downhill slopes, they only managed to avoid being run over.

Na pobočjih navzdol so se le uspeli izogniti temu, da bi jih povozili.

"March on, poor sore feet," the driver said as they limped along.

»Naprej, ubogi bolni nogi,« je rekel voznik, medtem ko sta šepala naprej.

"This is the last stretch, then we all get one long rest, for sure."

"To je zadnji del, potem pa si bomo vsi zagotovo privoščili en daljši počitek."

"One truly long rest," he promised, watching them stagger forward.

»En resnično dolg počitek,« je obljubil, medtem ko jih je opazoval, kako se opotekajo naprej.

The drivers expected they were going to now get a long, needed break.

Vozniki so pričakovali, da bodo zdaj deležni dolgega in potrebnega odmora.

They had traveled twelve hundred miles with only two days' rest.

Prepotovali so tisoč dvesto milj z le dvema dnevoma počitka.

By fairness and reason, they felt they had earned time to relax.

Po pravici in razumu so menili, da so si zaslužili čas za sprostitev.

But too many had come to the Klondike, and too few had stayed home.

Toda preveč jih je prišlo na Klondike in premalo jih je ostalo doma.

Letters from families flooded in, creating piles of delayed mail.

Pisma družin so se kopičila in ustvarjala kupe zamujene pošte.

Official orders arrived—new Hudson Bay dogs were going to take over.

Prispela so uradna navodila – novi psi iz Hudsonovega zaliva bodo prevzeli oblast.

The exhausted dogs, now called worthless, were to be disposed of.

Izčrpane pse, ki so jih zdaj označili za ničvredne, je bilo treba odstraniti.

Since money mattered more than dogs, they were going to be sold cheaply.

Ker je bil denar pomembnejši od psov, so jih nameravali prodati poceni.

Three more days passed before the dogs felt just how weak they were.

Minili so še trije dnevi, preden so psi začutili, kako šibki so.

On the fourth morning, two men from the States bought the whole team.

Četrto jutro sta dva moška iz ZDA kupila celotno ekipo.

The sale included all the dogs, plus their worn harness gear.

Prodaja je vključevala vse pse in njihovo obrabljeno oprsnico.

The men called each other "Hal" and "Charles" as they completed the deal.

Moška sta se med sklepanjem posla klicala »Hal« in »Charles«.

Charles was middle-aged, pale, with limp lips and fierce mustache tips.

Charles je bil srednjih let, bled, z mlahavimi ustnicami in ostrimi konicami brk.

Hal was a young man, maybe nineteen, wearing a cartridge-stuffed belt.

Hal je bil mladenič, star morda devetnajst let, s pasom, polnim nabojev.

The belt held a big revolver and a hunting knife, both unused.

Na pasu sta bila velik revolver in lovski nož, oba neuporabljena.

It showed how inexperienced and unfit he was for northern life.

To je pokazalo, kako neizkušen in neprimeren je bil za severno življenje.

Neither man belonged in the wild; their presence defied all reason.

Nobeden od moških ni spadal v divjino; njuna prisotnost je kljubovala vsakemu razumu.

Buck watched as money exchanged hands between buyer and agent.

Buck je opazoval, kako si je kupec in agent izmenjevala denar.

He knew the mail-train drivers were leaving his life like the rest.

Vedel je, da vozniki poštnih vlakov zapuščajo tudi njegovo življenje tako kot vsi ostali.

They followed Perrault and François, now gone beyond recall.

Sledila sta Perraultu in Françoisu, ki ju je zdaj več ni bilo več.

Buck and the team were led to their new owners' sloppy camp.

Bucka in ekipo so odpeljali v površno taborišče njihovih novih lastnikov.

The tent sagged, dishes were dirty, and everything lay in disarray.

Šotor se je upogibal, posoda je bila umazana in vse je ležalo v neredu.

Buck noticed a woman there too—Mercedes, Charles's wife and Hal's sister.

Buck je tam opazil tudi žensko – Mercedes, Charlesovo ženo in Halovo sestro.

They made a complete family, though far from suited to the trail.

Bila sta popolna družina, čeprav še zdaleč ni bila primerna za pot.

Buck watched nervously as the trio started packing the supplies.

Buck je živčno opazoval, kako je trojica začela pakirati zaloge.

They worked hard but without order—just fuss and wasted effort.

Trdo so delali, a brez reda – le hrup in zaman trud.

The tent was rolled into a bulky shape, far too large for the sled.

Šotor je bil zvit v zajetno obliko, prevelik za sani.

Dirty dishes were packed without being cleaned or dried at all.

Umazana posoda je bila zapakirana, ne da bi bila sploh oprana ali posušena.

Mercedes fluttered about, constantly talking, correcting, and meddling.

Mercedes je frfotala naokoli, nenehno govorila, popravljala in se vmešavala.

When a sack was placed on front, she insisted it go on the back.

Ko so spredaj položili vrečo, je vztrajala, da jo položijo tudi zadaj.

She packed the sack in the bottom, and the next moment she needed it.

Vrečo je pospravila na dno in že naslednji trenutek jo je potrebovala.

So the sled was unpacked again to reach the one specific bag.

Torej so sani spet razpakirali, da bi dosegli tisto določeno vrečo.

Nearby, three men stood outside a tent, watching the scene unfold.

V bližini so pred šotorom stali trije moški in opazovali prizor.

They smiled, winked, and grinned at the newcomers' obvious confusion.

Nasmehnili so se, pomežiknili in se zarežali ob očitni zmedenosti prišlekov.

"You've got a right heavy load already," said one of the men.

„Že tako imaš kar precejšen tovor," je rekel eden od moških.

"I don't think you should carry that tent, but it's your choice."

"Mislim, da tega šotora ne bi smel nositi, ampak to je tvoja odločitev."

"Undreamed of!" cried Mercedes, throwing up her hands in despair.

„Nesanjano!" je vzkliknila Mercedes in v obupu dvignila roke.

"How could I possibly travel without a tent to stay under?"

"Kako bi sploh lahko potoval brez šotora, pod katerim bi lahko bival?"

"It's springtime—you won't see cold weather again," the man replied.

„Pomlad je – mrzlega vremena ne boste več videli," je odgovoril moški.

But she shook her head, and they kept piling items onto the sled.

Ampak je zmajala z glavo, oni pa so še naprej nalagali predmete na sani.

The load towered dangerously high as they added the final things.

Tovor se je nevarno dvigal, ko so dodajali zadnje stvari.

"Think the sled will ride?" asked one of the men with a skeptical look.

„Misliš, da se bodo sani peljale?" je skeptično vprašal eden od moških.

"Why shouldn't it?" Charles snapped back with sharp annoyance.

„Zakaj pa ne bi?" je Charles z ostro jezo odvrnil.

"Oh, that's all right," the man said quickly, backing away from offense.

„Oh, saj je vse v redu," je moški hitro rekel in se umaknil, da bi se užalil.

"I was only wondering—it just looked a bit too top-heavy to me."

„Samo spraševal sem se – meni se je zdelo, da je malo preveč težek."

Charles turned away and tied down the load as best as he could.

Karel se je obrnil stran in privezal tovor, kolikor je le mogel.

But the lashings were loose and the packing poorly done overall.

Ampak pritrdilne vrvi so bile ohlapne in pakiranje na splošno slabo opravljeno.

"Sure, the dogs will pull that all day," another man said sarcastically.

»Seveda, psi bodo to vlekli ves dan,« je sarkastično rekel drug moški.

"Of course," Hal replied coldly, grabbing the sled's long gee-pole.

„Seveda," je hladno odgovoril Hal in zgrabil dolgo palico za vprego sani.

With one hand on the pole, he swung the whip in the other.

Z eno roko na drogu je v drugi zamahnil z bičem.

"Let's go!" he shouted. "Move it!" urging the dogs to start.

„Gremo!" je zavpil. „Premaknite se!" je spodbudil pse, naj začnejo.

The dogs leaned into the harness and strained for a few moments.

Psi so se nagnili v oprsnico in se nekaj trenutkov napenjali.

Then they stopped, unable to budge the overloaded sled an inch.

Nato so se ustavili, saj preobremenjenih sani niso mogli premakniti niti za centimeter.

"The lazy brutes!" Hal yelled, lifting the whip to strike them.

„Lene zveri!" je zavpil Hal in dvignil bič, da bi jih udaril.

But Mercedes rushed in and seized the whip from Hal's hands.

Toda Mercedes je prihitela in Halu iztrgala bič iz rok.

"Oh, Hal, don't you dare hurt them," she cried in alarm.

„Oh, Hal, ne drzni si jih poškodovati," je prestrašeno zavpila.

"Promise me you'll be kind to them, or I won't go another step."

"Obljubi mi, da boš prijazen do njih, sicer ne bom naredil niti koraka več."

"You don't know a thing about dogs," Hal snapped at his sister.

„Nič ne veš o psih," je Hal zarezal v sestro.

"They're lazy, and the only way to move them is to whip them."

"Leni so in edini način, da jih premakneš, je, da jih pretepeš."

"Ask anyone—ask one of those men over there if you doubt me."

„Vprašaj kogarkoli – vprašaj enega od tistih mož tam, če dvomiš vame."

Mercedes looked at the onlookers with pleading, tearful eyes.

Mercedes je s prošnjo, solznimi očmi pogledala opazovalce.

Her face showed how deeply she hated the sight of any pain.

Na njenem obrazu je bilo razvidno, kako globoko je sovražila vsakršno bolečino.

"They're weak, that's all," one man said. "They're worn out."

»Šibki so, to je vse,« je rekel en moški. »Izčrpani so.«

"They need rest—they've been worked too long without a break."

"Potrebujejo počitek – predolgo so delali brez odmora."

"Rest be cursed," Hal muttered with his lip curled.

„Prekleto bodi ostalo," je zamrmral Hal s stisnjeno ustnico.

Mercedes gasped, clearly pained by the coarse word from him.

Mercedes je zavzdihnila, očitno jo je prizadela njegova groba beseda.

Still, she stayed loyal and instantly defended her brother.

Kljub temu je ostala zvesta in takoj stopila v obrambo svojega brata.

"Don't mind that man," she said to Hal. "They're our dogs."

„Ne zmeni se za tega človeka," je rekla Halu. „To so naši psi."

"You drive them as you see fit—do what you think is right."

"Voziš jih, kot se ti zdi primerno – delaš, kar se ti zdi prav."

Hal raised the whip and struck the dogs again without mercy.

Hal je dvignil bič in znova brez milosti udaril pse.

They lunged forward, bodies low, feet pushing into the snow.

Planili so naprej, s telesi nizko, z nogami, odrinjenimi od snega.

All their strength went into the pull, but the sled wasn't moving.

Vso svojo moč so vložili v vleko, a sani se niso premaknile.

The sled stayed stuck, like an anchor frozen into the packed snow.

Sani so ostale zataknjene, kot sidro, zamrznjeno v zbitem snegu.

After a second effort, the dogs stopped again, panting hard.

Po drugem poskusu so se psi spet ustavili, močno sopihajoč.

Hal raised the whip once more, just as Mercedes interfered again.

Hal je še enkrat dvignil bič, ravno ko se je Mercedes spet vmešala.

She dropped to her knees in front of Buck and hugged his neck.

Padla je na kolena pred Bucka in ga objela za vrat.

Tears filled her eyes as she pleaded with the exhausted dog.

Solze so ji napolnile oči, ko je prosila izčrpanega psa.

"You poor dears," she said, "why don't you just pull harder?"

„Ubogi dragi moji," je rekla, „zakaj preprosto ne potegnete močneje?"

"If you pull, then you won't get to be whipped like this."

"Če boš vlekel, te ne bodo tako bičali."

Buck disliked Mercedes, but he was too tired to resist her now.

Buck ni maral Mercedes, a je bil preveč utrujen, da bi se ji zdaj upiral.

He accepted her tears as just another part of the miserable day.

Njene solze je sprejel le kot še en del bednega dne.

One of the watching men finally spoke after holding back his anger.

Eden od opazovalcev je končno spregovoril, potem ko je zadržal jezo.

"I don't care what happens to you folks, but those dogs matter."

"Ne zanima me, kaj se bo zgodilo z vami, ampak ti psi so pomembni."

"If you want to help, break that sled loose — it's frozen to the snow."

"Če hočeš pomagati, odtrgaj tiste sani – zmrznile so do snega."

"Push hard on the gee-pole, right and left, and break the ice seal."

"Močno potisnite na drog, desno in levo, in prebijte ledeni pečat."

A third attempt was made, this time following the man's suggestion.

Opravljen je bil tretji poskus, tokrat po moškem predlogu.

Hal rocked the sled from side to side, breaking the runners loose.

Hal je zibal sani z ene strani na drugo in s tem sprostil drsnike.

The sled, though overloaded and awkward, finally lurched forward.

Sani, čeprav preobremenjene in nerodne, so se končno sunkovito premaknile naprej.

Buck and the others pulled wildly, driven by a storm of whiplashes.

Buck in ostali so divje vlekli, gnani z nevihto bičnih udarcev.

A hundred yards ahead, the trail curved and sloped into the street.

Sto metrov naprej se je pot zavila in strmo spuščala na ulico.

It was going to have taken a skilled driver to keep the sled upright.

Za vzdrževanje pokonci bi moral biti potreben spreten voznik.

Hal was not skilled, and the sled tipped as it swung around the bend.

Hal ni bil spreten in sani so se prevrnile, ko so se zavile okoli ovinka.

Loose lashings gave way, and half the load spilled onto the snow.

Ohlapne privezovalne vrvi so popustile in polovica tovora se je razsula na sneg.

The dogs did not stop; the lighter sled flew along on its side.

Psi se niso ustavili; lažje sani so letele naprej na boku.

Angry from abuse and the heavy burden, the dogs ran faster.

Jezni zaradi zlorabe in težkega bremena so psi tekli hitreje.

Buck, in fury, broke into a run, with the team following behind.

Buck se je v besu pognal v tek, ekipa pa mu je sledila.

Hal shouted "Whoa! Whoa!" but the team paid no attention to him.

Hal je zavpil »Vau! Vau!«, vendar se ekipa ni zmenila zanj.

He tripped, fell, and was dragged along the ground by the harness.

Spotaknil se je, padel in ga je pas vlekel po tleh.

The overturned sled bumped over him as the dogs raced on ahead.

Prevrnjene sani so ga prevrnile, medtem ko so psi dirjali naprej.

The rest of the supplies scattered across Skaguay's busy street.

Preostale zaloge so se raztresle po prometni ulici v Skaguayu.

Kind-hearted people rushed to stop the dogs and gather the gear.

Dobrosrčni ljudje so hiteli ustavljat pse in pobirati opremo.

They also gave advice, blunt and practical, to the new travelers.

Novim popotnikom so dajali tudi nasvete, neposredne in praktične.

"If you want to reach Dawson, take half the load and double the dogs."

"Če želiš priti do Dawsona, vzemi polovico tovora in podvoji število psov."

Hal, Charles, and Mercedes listened, though not with enthusiasm.

Hal, Charles in Mercedes so poslušali, čeprav ne z navdušenjem.

They pitched their tent and started sorting through their supplies.

Postavili so šotor in začeli prebirati svoje zaloge.

Out came canned goods, which made onlookers laugh aloud.

Prišle so konzervirane jedi, kar je prisotne nasmejalo.

"Canned stuff on the trail? You'll starve before that melts," one said.

»Konzervirane stvari na poti? Umrl boš od lakote, preden se stopijo,« je rekel eden.

"Hotel blankets? You're better off throwing them all out."

"Hotelske odeje? Bolje je, da jih vse vržeš ven."

"Ditch the tent, too, and no one washes dishes here."

"Če zapustiš tudi šotor, tukaj nihče ne pomiva posode."

"You think you're riding a Pullman train with servants on board?"

„Misliš, da se voziš s Pullmanovim vlakom s služabniki na krovu?"

The process began—every useless item was tossed to the side.

Postopek se je začel – vsak neuporaben predmet je bil odvržen na stran.

Mercedes cried when her bags were emptied onto the snowy ground.

Mercedes je jokala, ko so njene torbe izpraznili na zasnežena tla.

She sobbed over every item thrown out, one by one without pause.

Jokala je nad vsakim predmetom, ki ga je vrgla ven, enega za drugim brez premora.

She vowed not to go one more step—not even for ten Charleses.

Prisegla je, da ne bo naredila niti koraka več – niti za deset Charlesov.

She begged each person nearby to let her keep her precious things.

Vsakogar v bližini je prosila, naj ji dovoli obdržati njene dragocene stvari.

At last, she wiped her eyes and began tossing even vital clothes.

Končno si je obrisala oči in začela metati celo najpomembnejša oblačila.

When done with her own, she began emptying the men's supplies.

Ko je končala s svojimi, je začela prazniti moške zaloge.

Like a whirlwind, she tore through Charles and Hal's belongings.

Kot vihar je razdejala Charlesove in Halove stvari.

Though the load was halved, it was still far heavier than needed.

Čeprav se je tovor prepolovil, je bil še vedno veliko težji, kot je bilo potrebno.

That night, Charles and Hal went out and bought six new dogs.

Tisto noč sta Charles in Hal šla ven in kupila šest novih psov.

These new dogs joined the original six, plus Teek and Koona.

Ti novi psi so se pridružili prvotnim šestim, poleg Teeka in Koone.

Together they made a team of fourteen dogs hitched to the sled.

Skupaj so tvorili vprego štirinajstih psov, vpreženih v sani.

But the new dogs were unfit and poorly trained for sled work.

Toda novi psi so bili neprimerni in slabo izurjeni za delo s sanmi.

Three of the dogs were short-haired pointers, and one was a Newfoundland.

Trije psi so bili kratkodlaki ptičarji, eden pa je bil novofundlandec.

The final two dogs were mutts of no clear breed or purpose at all.

Zadnja dva psa sta bila mešanca brez jasne pasme ali namena.

They didn't understand the trail, and they didn't learn it quickly.

Poti niso razumeli in se je niso hitro naučili.

Buck and his mates watched them with scorn and deep irritation.

Buck in njegovi tovariši so jih opazovali s prezirom in globoko razdraženostjo.

Though Buck taught them what not to do, he could not teach duty.

Čeprav jih je Buck naučil, česa ne smejo početi, jih ni mogel naučiti dolžnosti.

They didn't take well to trail life or the pull of reins and sleds.

Niso se dobro prenašali vlečenja ali vleke vajeti in sani.

Only the mongrels tried to adapt, and even they lacked fighting spirit.

Le mešanci so se poskušali prilagoditi, pa tudi njim je manjkalo borbenega duha.

The other dogs were confused, weakened, and broken by their new life.

Drugi psi so bili zaradi svojega novega življenja zmedeni, oslabljeni in zlomljeni.

With the new dogs clueless and the old ones exhausted, hope was thin.

Ker so novi psi bili brez pojma, stari pa izčrpani, je bilo upanje majhno.

Buck's team had covered twenty-five hundred miles of harsh trail.

Buckova ekipa je prevozila dve tisoč petsto milj zahtevne poti.

Still, the two men were cheerful and proud of their large dog team.

Kljub temu sta bila moška vesela in ponosna na svojo veliko pasjo ekipo.

They thought they were traveling in style, with fourteen dogs hitched.

Mislili so, da potujejo v stilu, s štirinajstimi poročenimi psi.

They had seen sleds leave for Dawson, and others arrive from it.

Videli so sani, ki so odhajale proti Dawsonu, in druge, ki so prihajale od tam.

But never had they seen one pulled by as many as fourteen dogs.

Nikoli pa niso videli, da bi ga vleklo kar štirinajst psov.

There was a reason such teams were rare in the Arctic wilderness.

Obstajal je razlog, zakaj so bile takšne ekipe redke v arktični divjini.

No sled could carry enough food to feed fourteen dogs for the trip.

Nobene sani niso mogle prepeljati dovolj hrane, da bi nahranile štirinajst psov na poti.

But Charles and Hal didn't know that—they had done the math.

Ampak Charles in Hal tega nista vedela – izračunala sta že sama.

They penciled out the food: so much per dog, so many days, done.

Narisali so hrano: toliko na psa, toliko dni, končano.

Mercedes looked at their figures and nodded as if it made sense.

Mercedes je pogledala njihove številke in prikimala, kot da bi bilo smiselno.

It all seemed very simple to her, at least on paper.

Vse skupaj se ji je zdelo zelo preprosto, vsaj na papirju.

The next morning, Buck led the team slowly up the snowy street.

Naslednje jutro je Buck počasi vodil ekipo po zasneženi ulici.

There was no energy or spirit in him or the dogs behind him.

Niti v njem niti v psih za njim ni bilo ne energije ne duha.

They were dead tired from the start—there was no reserve left.

Že od samega začetka so bili smrtno utrujeni – niso imeli več nobene rezerve.

Buck had made four trips between Salt Water and Dawson already.

Buck je že opravil štiri vožnje med Salt Waterjem in Dawsonom.

Now, faced with the same trail again, he felt nothing but bitterness.

Zdaj, ko se je spet soočil z isto potjo, ni čutil nič drugega kot grenkobo.

His heart was not in it, nor were the hearts of the other dogs.

Njegovo srce ni bilo pri tem, prav tako ne srca drugih psov.

The new dogs were timid, and the huskies lacked all trust.

Novi psi so bili plašni, haskiji pa so bili brez kakršnega koli zaupanja.

Buck sensed he could not rely on these two men or their sister.

Buck je čutil, da se ne more zanesti ne na ta dva moška ne na njuno sestro.

They knew nothing and showed no signs of learning on the trail.

Niso vedeli ničesar in na poti niso kazali nobenih znakov učenja.

They were disorganized and lacked any sense of discipline.

Bili so neorganizirani in jim je manjkal vsakršen občutek za disciplino.

It took them half the night to set up a sloppy camp each time.

Vsakič so potrebovali pol noči, da so postavili površen tabor.

And half the next morning they spent fumbling with the sled again.

In polovico naslednjega dopoldneva so spet preživeli v igri s sanmi.

By noon, they often stopped just to fix the uneven load.

Do poldneva so se pogosto ustavili samo zato, da bi popravili neenakomerno obremenitev.

On some days, they traveled less than ten miles in total.

Nekatere dni so prepotovali skupno manj kot deset milj.

Other days, they didn't manage to leave camp at all.

Druge dni jim sploh ni uspelo zapustiti tabora.

They never came close to covering the planned food-distance.

Nikoli se niso niti približali načrtovani razdalji za prevoz hrane.

As expected, they ran short on food for the dogs very quickly.

Kot je bilo pričakovati, jim je hrane za pse zelo hitro zmanjkalo.

They made matters worse by overfeeding in the early days.

V zgodnjih dneh so stvari še poslabšali s prenajedanjem.

This brought starvation closer with every careless ration.

To je z vsakim neprevidnim obrokom približevalo lakoto.

The new dogs had not learned to survive on very little.

Novi psi se niso naučili preživeti z zelo malo.

They ate hungrily, with appetites too large for the trail.

Jedli so lačno, saj so imeli prevelik apetit za pot.

Seeing the dogs weaken, Hal believed the food wasn't enough.

Ko je videl, kako psi slabijo, je Hal verjel, da hrana ni dovolj.

He doubled the rations, making the mistake even worse.

Podvojil je obroke, s čimer je napako še poslabšal.

Mercedes added to the problem with tears and soft pleading.

Mercedes je težavo še poslabšala s solzami in tihim moledovanjem.

When she couldn't convince Hal, she fed the dogs in secret.

Ko Hala ni mogla prepričati, je pse na skrivaj nahranila.

She stole from the fish sacks and gave it to them behind his back.

Ukradla je iz vreč z ribami in jim jih dala za njegovim hrbtom.

But what the dogs truly needed wasn't more food—it was rest.

Toda psi v resnici niso potrebovali več hrane – potrebovali so počitek.

They were making poor time, but the heavy sled still dragged on.

Počasi so se vozili, a težke sani so se še vedno vlekle.

That weight alone drained their remaining strength each day.

Že sama teža jim je vsak dan izčrpala preostalo moč.

Then came the stage of underfeeding as the supplies ran low.

Nato je prišla faza podhranjenosti, saj je zalog zmanjkalo.

Hal realized one morning that half the dog food was already gone.

Hal je nekega jutra ugotovil, da je polovica pasje hrane že izginila.

They had only traveled a quarter of the total trail distance.

Prepotovali so le četrtino celotne razdalje poti.

No more food could be bought, no matter what price was offered.

Hrane ni bilo mogoče kupiti več, ne glede na ponujeno ceno.

He reduced the dogs' portions below the standard daily ration.

Psom je zmanjšal porcije pod standardni dnevni obrok.

At the same time, he demanded longer travel to make up for loss.

Hkrati je zahteval daljša potovanja, da bi nadomestil izgubo.

Mercedes and Charles supported this plan, but failed in execution.

Mercedes in Charles sta ta načrt podprla, vendar ju ni uspelo izvesti.

Their heavy sled and lack of skill made progress nearly impossible.

Zaradi težkih sani in pomanjkanja spretnosti je bil napredek skoraj nemogoč.

It was easy to give less food, but impossible to force more effort.

Lahko je bilo dati manj hrane, nemogoče pa je bilo prisiliti k večjemu trudu.

They couldn't start early, nor could they travel for extra hours.

Niso mogli začeti zgodaj, niti potovati dlje časa.

They didn't know how to work the dogs, nor themselves, for that matter.

Niso znali delati s psi, pa tudi s seboj niso vedeli.

The first dog to die was Dub, the unlucky but hardworking thief.
Prvi pes, ki je umrl, je bil Dub, nesrečni, a delav tat.

Though often punished, Dub had pulled his weight without complaint.
Čeprav je bil Dub pogosto kaznovan, je brez pritožb opravljal svojo nalogo.

His injured shoulder grew worse without care or needed rest.
Njegova poškodovana rama se je brez oskrbe ali potrebe po počitku poslabšala.

Finally, Hal used the revolver to end Dub's suffering.
Končno je Hal z revolverjem končal Dubovo trpljenje.

A common saying claimed that normal dogs die on husky rations.
Pogost pregovor pravi, da normalni psi umrejo na obrokih haskijev.

Buck's six new companions had only half the husky's share of food.
Buckovih šest novih spremljevalcev je imelo le polovico haskijevega deleža hrane.

The Newfoundland died first, then the three short-haired pointers.
Najprej je poginil novofundlandski pes, nato pa še trije kratkodlaki ptičarji.

The two mongrels held on longer but finally perished like the rest.
Dva mešanca sta vztrajala dlje, a sta na koncu poginila tako kot ostali.

By this time, all the amenities and gentleness of the Southland were gone.
Do takrat so bile vse ugodnosti in nežnost Južne dežele izginile.

The three people had shed the last traces of their civilized upbringing.
Trije ljudje so opustili zadnje sledi svoje civilizirane vzgoje.

Stripped of glamour and romance, Arctic travel became brutally real.

Brez glamurja in romantike je potovanje po Arktiki postalo brutalno resnično.

It was a reality too harsh for their sense of manhood and womanhood.

To je bila resničnost prekruta za njihov občutek moškosti in ženskosti.

Mercedes no longer wept for the dogs, but now wept only for herself.

Mercedes ni več jokala za pse, ampak je zdaj jokala samo še zase.

She spent her time crying and quarreling with Hal and Charles.

Svoj čas je preživljala v joku in prepirih s Halom in Charlesom.

Quarreling was the one thing they were never too tired to do.

Prepir je bila edina stvar, za katero se niso nikoli preveč naveličali.

Their irritability came from misery, grew with it, and surpassed it.

Njihova razdražljivost je izvirala iz bede, z njo rasla in jo presegla.

The patience of the trail, known to those who toil and suffer kindly, never came.

Potrpežljivost poti, znana tistim, ki se trudijo in trpijo prijazno, ni nikoli prišla.

That patience, which keeps speech sweet through pain, was unknown to them.

Ta potrpežljivost, ki ohranja govor sladek kljub bolečini, jim je bila neznana.

They had no hint of patience, no strength drawn from suffering with grace.

Niso imeli niti kančka potrpežljivosti, nobene moči, ki bi jo črpali iz trpljenja z milostjo.

They were stiff with pain—aching in their muscles, bones, and hearts.

Bili so okoreli od bolečin – boleče so jih mišice, kosti in srce.

Because of this, they grew sharp of tongue and quick with harsh words.

Zaradi tega so postali ostri na jeziku in hitri v ostrih besedah.

Each day began and ended with angry voices and bitter complaints.

Vsak dan se je začel in končal z jeznimi glasovi in grenkimi pritožbami.

Charles and Hal wrangled whenever Mercedes gave them a chance.

Charles in Hal sta se prepirala vsakič, ko jima je Mercedes dala priložnost.

Each man believed he did more than his fair share of the work.

Vsak moški je verjel, da je opravil več kot svoj delež dela.

Neither ever missed a chance to say so, again and again.

Niti eden niti drugi nista zamudila priložnosti, da bi to povedala, znova in znova.

Sometimes Mercedes sided with Charles, sometimes with Hal.

Včasih je Mercedes stala na strani Charlesa, včasih na strani Hala.

This led to a grand and endless quarrel among the three.

To je privedlo do velikega in neskončnega prepira med tremi.

A dispute over who should chop firewood grew out of control.

Spor o tem, kdo naj seka drva, je ušel izpod nadzora.

Soon, fathers, mothers, cousins, and dead relatives were named.

Kmalu so bili imenovani očetje, matere, bratranci in sestrične ter umrli sorodniki.

Hal's views on art or his uncle's plays became part of the fight.

Halovi pogledi na umetnost ali stričeve igre so postali del boja.

Charles's political beliefs also entered the debate.

V razpravo so vstopila tudi Charlesova politična prepričanja.

To Mercedes, even her husband's sister's gossip seemed relevant.

Mercedes so se celo trače njene moževe sestre zdele pomembne.

She aired opinions on that and on many of Charles's family's flaws.

Izrazila je mnenja o tem in o številnih pomanjkljivostih Charlesove družine.

While they argued, the fire stayed unlit and camp half set.

Medtem ko sta se prepirala, je ogenj ostal ugasnjen in tabor napol požgan.

Meanwhile, the dogs remained cold and without any food.

Medtem so psi ostali premraženi in brez hrane.

Mercedes held a grievance she considered deeply personal.

Mercedes je imela zamero, ki jo je imela za globoko osebno.

She felt mistreated as a woman, denied her gentle privileges.

Kot ženska se je počutila slabo obravnavano, odrekane so ji bile njene nežne privilegije.

She was pretty and soft, and used to chivalry all her life.

Bila je lepa in nežna ter vse življenje vajena viteštva.

But her husband and brother now treated her with impatience.

Toda njen mož in brat sta jo zdaj obravnavala z nestrpnostjo.

Her habit was to act helpless, and they began to complain.

Njena navada je bila, da se dela nemočna, in začeli so se pritoževati.

Offended by this, she made their lives all the more difficult.

Zaradi tega je užaljena in jim je še bolj otežila življenje.

She ignored the dogs and insisted on riding the sled herself.

Pse je ignorirala in vztrajala, da se bo sama peljala s sanmi.

Though light in looks, she weighed one hundred twenty pounds.

Čeprav je bila videti rahlo vitka, je tehtala sto dvajset funtov.

That added burden was too much for the starving, weak dogs.

To dodatno breme je bilo preveč za stradajoče, šibke pse.

Still, she rode for days, until the dogs collapsed in the reins.

Vseeno je jahala več dni, dokler se psi niso zgrudili pod vajeti.

The sled stood still, and Charles and Hal begged her to walk.

Sani so stale, Charles in Hal pa sta jo prosila, naj gre peš.

They pleaded and entreated, but she wept and called them cruel.

Prosili so in rotili, ona pa je jokala in jih imenovala krute.

On one occasion, they pulled her off the sled with sheer force and anger.

Nekoč so jo s silo in jezo potegnili s sani.

They never tried again after what happened that time.

Po tistem, kar se je zgodilo, niso nikoli več poskusili.

She went limp like a spoiled child and sat in the snow.

Omahnila je kot razvajen otrok in se usedla v sneg.

They moved on, but she refused to rise or follow behind.

Šla sta naprej, a ona ni hotela vstati ali slediti za njima.

After three miles, they stopped, returned, and carried her back.

Po petih kilometrih so se ustavili, vrnili in jo odnesli nazaj.

They reloaded her onto the sled, again using brute strength.

Ponovno so jo naložili na sani, spet z vso močjo.

In their deep misery, they were callous to the dogs' suffering.

V svoji globoki bedi so bili brezbrižni do trpljenja psov.

Hal believed one must get hardened and forced that belief on others.

Hal je verjel, da se je treba utrditi, in to prepričanje je vsiljeval drugim.

He first tried to preach his philosophy to his sister

Najprej je poskušal svojo filozofijo pridigati sestri

and then, without success, he preached to his brother-in-law.

in nato je brez uspeha pridigal svojemu svaku.

He had more success with the dogs, but only because he hurt them.

Pri psih je imel več uspeha, vendar le zato, ker jih je poškodoval.

At Five Fingers, the dog food ran out of food completely.

V Five Fingers je pasji hrani popolnoma zmanjkalo hrane.

A toothless old squaw sold a few pounds of frozen horse-hide

Brezzoba stara ženska je prodala nekaj kilogramov zamrznjene konjske kože

Hal traded his revolver for the dried horse-hide.

Hal je zamenjal svoj revolver za posušeno konjsko kožo.

The meat had come from starved horses of cattlemen months before.

Meso je prišlo od sestradanih konj živinorejcev več mesecev prej.

Frozen, the hide was like galvanized iron; tough and inedible.

Zamrznjena koža je bila kot pocinkano železo; trda in neužitna.

The dogs had to chew endlessly at the hide to eat it.

Psi so morali neskončno žvečiti kožo, da so jo pojedli.

But the leathery strings and short hair were hardly nourishment.

Toda usnjate strune in kratki lasje niso bili ravno hrana.

Most of the hide was irritating, and not food in any true sense.

Večina kože je bila dražeča in v pravem pomenu besede ni bila hrana.

And through it all, Buck staggered at the front, like in a nightmare.

In skoz vse to se je Buck opotekal spredaj, kot v nočni mori.

He pulled when able; when not, he lay until whip or club raised him.

Vlekel je, kadar je mogel; kadar ni mogel, je ležal, dokler ga ni dvignil bič ali palica.

His fine, glossy coat had lost all stiffness and sheen it once had.

Njegova fina, sijoča dlaka je izgubila vso togost in sijaj, ki ga je nekoč imela.

His hair hung limp, draggled, and clotted with dried blood from the blows.

Lasje so mu viseli mlahavi, razmršeni in prepojeni s posušeno krvjo od udarcev.

His muscles shrank to cords, and his flesh pads were all worn away.

Njegove mišice so se skrčile v vrvice, vse kožne blazinice pa so bile obrabljene.

Each rib, each bone showed clearly through folds of wrinkled skin.

Vsako rebro, vsaka kost se je jasno videla skozi gube nagubane kože.

It was heartbreaking, yet Buck's heart could not break.

Bilo je srce parajoče, a Buckovo srce se ni moglo zlomiti.

The man in the red sweater had tested that and proved it long ago.

Moški v rdečem puloverju je to že zdavnaj preizkusil in dokazal.

As it was with Buck, so it was with all his remaining teammates.

Tako kot je bilo z Buckom, je bilo tudi z vsemi njegovimi preostalimi soigralci.

There were seven in total, each one a walking skeleton of misery.

Skupaj jih je bilo sedem, vsak od njih pa je bil hodeče okostje bede.

They had grown numb to lash, feeling only distant pain.

Otrpnili so do bičanja in čutili so le oddaljeno bolečino.

Even sight and sound reached them faintly, as through a thick fog.

Celo vid in zvok sta do njih segala komaj, kot skozi gosto meglo.

They were not half alive—they were bones with dim sparks inside.

Niso bili napol živi – bili so kosti z medlimi iskricami v notranjosti.

When stopped, they collapsed like corpses, their sparks almost gone.

Ko so se ustavili, so se zgrudili kot trupla, njihove iskre so skoraj ugasnile.

And when the whip or club struck again, the sparks fluttered weakly.

In ko je bič ali palica znova udarila, so iskre šibko zaplapolale.

Then they rose, staggered forward, and dragged their limbs ahead.

Nato so vstali, se opotekajoče premaknili naprej in vlekli svoje ude naprej.

One day kind Billee fell and could no longer rise at all.

Nekega dne je prijazni Billee padel in se sploh ni mogel več dvigniti.

Hal had traded his revolver, so he used an axe to kill Billee instead.

Hal je zamenjal svoj revolver, zato je namesto tega uporabil sekiro, da bi ubil Billeeja.

He struck him on the head, then cut his body free and dragged it away.

Udaril ga je po glavi, nato mu je odrezal telo in ga odvlekel stran.

Buck saw this, and so did the others; they knew death was near.

Buck je to videl, pa tudi drugi; vedeli so, da je smrt blizu.

Next day Koona went, leaving just five dogs in the starving team.

Naslednji dan je Koona odšla in v stradajoči vpregi je ostalo le pet psov.

Joe, no longer mean, was too far gone to be aware of much at all.

Joe, ki ni bil več zloben, je bil preveč zgrešen, da bi se sploh česa zavedal.

Pike, no longer faking his injury, was barely conscious.

Pike, ki se ni več pretvarjal, da je poškodovan, je bil komaj pri zavesti.

Solleks, still faithful, mourned he had no strength to give.

Solleks, še vedno zvest, je žaloval, da nima moči, ki bi jo lahko dal.

Teek was beaten most because he was fresher, but fading fast.

Teeka so najbolj premagali, ker je bil bolj svež, a je hitro izgubljal na moči.

And Buck, still in the lead, no longer kept order or enforced it.

In Buck, ki je bil še vedno v vodstvu, ni več vzdrževal reda ali ga uveljavljal.

Half blind with weakness, Buck followed the trail by feel alone.

Napol slep od šibkosti je Buck sledil samo po občutku.

It was beautiful spring weather, but none of them noticed it.

Bilo je čudovito pomladno vreme, a nihče od njih tega ni opazil.

Each day the sun rose earlier and set later than before.

Vsak dan je sonce vzšlo prej in zašlo kasneje kot prej.

By three in the morning, dawn had come; twilight lasted till nine.

Ob treh zjutraj se je zdanilo; mrak je trajal do devetih.

The long days were filled with the full blaze of spring sunshine.

Dolgi dnevi so bili polni žara spomladanskega sonca.

The ghostly silence of winter had changed into a warm murmur.

Zimska tišina se je spremenila v toplo šumenje.

All the land was waking, alive with the joy of living things.

Vsa dežela se je prebujala, živa od veselja živih bitij.

The sound came from what had lain dead and still through winter.

Zvok je prihajal iz tistega, kar je pozimi ležalo mrtvo in negibno.

Now, those things moved again, shaking off the long frost sleep.

Zdaj so se te stvari spet premaknile in se otresle dolgega zmrzalnega spanca.

Sap was rising through the dark trunks of the waiting pine trees.

Sok se je dvigal skozi temna debla čakajočih borovcev.

Willows and aspens burst out bright young buds on each twig.

Vrbe in trepetlike na vsaki vejici poženejo svetle mlade popke.

Shrubs and vines put on fresh green as the woods came alive.

Grmičevje in trta so se sveže ozelenili, ko so gozdovi oživeli.

Crickets chirped at night, and bugs crawled in daylight sun.

Ponoči so čivkali črički, na dnevnem soncu pa so se plazile žuželke.

Partridges boomed, and woodpeckers knocked deep in the trees.

Jerebice so bučale, žolne pa so trkale globoko v drevesih.

Squirrels chattered, birds sang, and geese honked over the dogs.

Veverice so čebljale, ptice so pele, gosi pa so trobile nad psi.

The wild-fowl came in sharp wedges, flying up from the south.

Divje kokoši so prihajale v ostrih klinih, letale so z juga.

From every hillside came the music of hidden, rushing streams.

Z vsakega pobočja je prihajala glasba skritih, deročih potokov.

All things thawed and snapped, bent and burst back into motion.

Vse se je odtalilo, počilo, upognilo in spet začelo gibati.

The Yukon strained to break the cold chains of frozen ice.

Yukon se je naprezal, da bi pretrgal hladne verige zmrznjenega ledu.

The ice melted underneath, while the sun melted it from above.

Led se je topil spodaj, sonce pa ga je topilo od zgoraj.

Air-holes opened, cracks spread, and chunks fell into the river.

Odprle so se zračne luknje, razširile so se razpoke in kosi so padali v reko.

Amid all this bursting and blazing life, the travelers staggered.

Sredi vsega tega vrveža in žarečega življenja so se popotniki opotekali.

Two men, a woman, and a pack of huskies walked like the dead.

Dva moška, ženska in krdelo haskijev so hodili kot mrtvi.

The dogs were falling, Mercedes wept, but still rode the sled.

Psi so padali, Mercedes je jokala, a je še vedno jahala sani.

Hal cursed weakly, and Charles blinked through watering eyes.

Hal je slabotno preklinjal, Charles pa je pomežiknil skozi solzne oči.

They stumbled into John Thornton's camp by White River's mouth.

Naleteli so na Thorntonov tabor ob ustju Bele reke.

When they stopped, the dogs dropped flat, as if all struck dead.

Ko so se ustavili, so se psi zgrudili na tla, kot da bi bili vsi mrtvi.

Mercedes wiped her tears and looked across at John Thornton.

Mercedes si je obrisala solze in pogledala Johna Thorntona.

Charles sat on a log, slowly and stiffly, aching from the trail.

Charles je sedel na hlod, počasi in togo, boleč od poti.

Hal did the talking as Thornton carved the end of an axe-handle.

Hal je govoril, medtem ko je Thornton rezljal konec ročaja sekire.

He whittled birch wood and answered with brief, firm replies.

Rezal je brezov les in odgovarjal s kratkimi, a odločnimi odgovori.

When asked, he gave advice, certain it wasn't going to be followed.

Ko so ga vprašali, je dal nasvet, prepričan, da ga ne bodo upoštevali.

Hal explained, "They told us the trail ice was dropping out."

Hal je pojasnil: »Rekli so nam, da se led na poti topi.«

"They said we should stay put—but we made it to White River."

„Rekli so, naj ostanemo pri miru – ampak prišli smo do Bele reke.“

He ended with a sneering tone, as if to claim victory in hardship.

Končal je s posmehljivim tonom, kot da bi želel razglasiti zmago v stiski.

"And they told you true," John Thornton answered Hal quietly.

„In povedali so ti resnico,“ je John Thornton tiho odgovoril Halu.

"The ice may give way at any moment—it's ready to drop out."

"Led lahko popusti vsak hip – pripravljen je odpadi."

"Only blind luck and fools could have made it this far alive."

"Samo slepa sreča in bedaki so lahko prišli tako daleč živi."

"I tell you straight, I wouldn't risk my life for all Alaska's gold."

"Povem ti naravnost, ne bi tvegal svojega življenja za vse aljaško zlato."

"That's because you're not a fool, I suppose," Hal answered.

„To je verjetno zato, ker nisi bedak,“ je odgovoril Hal.

"All the same, we'll go on to Dawson." He uncoiled his whip.

„Vseeno bomo šli naprej do Dawsona.“ Odvil je bič.

"Get up there, Buck! Hi! Get up! Go on!" he shouted harshly.

„Pojdi gor, Buck! Živjo! Vstani! Kar daj!“ je ostro zavpil.

Thornton kept whittling, knowing fools won't hear reason.

Thornton je kar naprej rezbaril, saj je vedel, da bedaki ne bodo poslušali razuma.

To stop a fool was futile—and two or three fooled changed nothing.

Ustaviti bedaka je bilo zaman – in dva ali trije bedaci niso ničesar spremenili.

But the team didn't move at the sound of Hal's command.
Toda ekipa se ob zvoku Halovega ukaza ni premaknila.
By now, only blows could make them rise and pull forward.
Do zdaj so jih lahko le udarci dvignili in potegnili naprej.
The whip snapped again and again across the weakened dogs.
Bič je znova in znova udarjal po oslabelih psih.
John Thornton pressed his lips tightly and watched in silence.
John Thornton je tesno stisnil ustnice in molče opazoval.
Solleks was the first to crawl to his feet under the lash.
Solleks se je prvi pod bičem splazil na noge.
Then Teek followed, trembling. Joe yelped as he stumbled up.
Nato je Teek trepetajoč sledil. Joe je kriknil, ko se je spotaknil.
Pike tried to rise, failed twice, then finally stood unsteadily.
Pike je poskušal vstati, dvakrat mu ni uspelo, nato pa je končno ostal negotov.
But Buck lay where he had fallen, not moving at all this time.
Toda Buck je ležal tam, kjer je padel, tokrat se sploh ni premaknil.
The whip slashed him over and over, but he made no sound.
Bič ga je znova in znova bičal, a ni izdal niti glasu.
He did not flinch or resist, simply remained still and quiet.
Ni se zdrznil ali upiral, preprosto je ostal pri miru in tiho.
Thornton stirred more than once, as if to speak, but didn't.
Thornton se je večkrat premaknil, kot da bi hotel spregovoriti, a ni.
His eyes grew wet, and still the whip cracked against Buck.
Oči so se mu orosile, bič pa je še vedno prasketal po Bucku.
At last, Thornton began pacing slowly, unsure of what to do.
Končno je Thornton začel počasi hoditi sem ter tja, negotov, kaj naj stori.
It was the first time Buck had failed, and Hal grew furious.
Bucku je prvič spodletelo, Hal pa je postal besen.

He threw down the whip and picked up the heavy club instead.

Vrgel je bič in namesto tega pograbil težko palico.

The wooden club came down hard, but Buck still did not rise to move.

Lesena palica je močno udarila, a Buck se še vedno ni dvignil, da bi se premaknil.

Like his teammates, he was too weak—but more than that.

Tako kot njegovi soigralci je bil prešibak – ampak še več kot to.

Buck had decided not to move, no matter what came next.

Buck se je odločil, da se ne bo premaknil, ne glede na to, kaj se bo zgodilo potem.

He felt something dark and certain hovering just ahead.

Čutil je nekaj temnega in nedvomnega, ki je lebdel tik pred njim.

That dread had seized him as soon as he reached the riverbank.

Ta strah ga je obšel takoj, ko je prišel do rečnega brega.

The feeling had not left him since he felt the ice thin under his paws.

Občutek ga ni zapustil, odkar je pod šapami začutil tanek led.

Something terrible was waiting—he felt it just down the trail.

Nekaj groznega ga je čakalo – čutil je to tik ob poti.

He wasn't going to walk towards that terrible thing ahead

Ni nameraval hoditi proti tisti grozni stvari pred seboj.

He was not going to obey any command that took him to that thing.

Ni nameraval ubogati nobenega ukaza, ki bi ga pripeljal do tiste stvari.

The pain of the blows hardly touched him now—he was too far gone.

Bolečina udarcev ga zdaj komajda ni dotaknila – bil je predaleč.

The spark of life flickered low, dimmed beneath each cruel strike.

Iskra življenja je utripala nizko, zatemnjena pod vsakim krutim udarcem.

His limbs felt distant; his whole body seemed to belong to another.

Njegovi udi so se zdeli oddaljeni; zdelo se je, kot da celo telo pripada nekomu drugemu.

He felt a strange numbness as the pain faded out completely.

Občutil je nenavadno otrplost, ko je bolečina popolnoma izginila.

From far away, he sensed he was being beaten, but barely knew.

Od daleč je čutil, da ga pretepajo, a se tega komaj zavedal.

He could hear the thuds faintly, but they no longer truly hurt.

Rahlo je slišal udarce, vendar ga niso več zares boleli.

The blows landed, but his body no longer seemed like his own.

Udarci so sicer priletavali, a njegovo telo se ni več zdelo njegovo.

Then suddenly, without warning, John Thornton gave a wild cry.

Nato je nenadoma, brez opozorila, John Thornton divje zavpil.

It was inarticulate, more the cry of a beast than of a man.

Bil je neartikuliran, bolj krik zveri kot človeka.

He leapt at the man with the club and knocked Hal backward.

Skočil je na moškega s palico in Hala podrl nazaj.

Hal flew as if struck by a tree, landing hard upon the ground.

Hal je poletel, kot bi ga zadelo drevo, in trdo pristal na tleh.

Mercedes screamed aloud in panic and clutched at her face.

Mercedes je panično zakričala in se prijela za obraz.

Charles only looked on, wiped his eyes, and stayed seated.

Karel je samo opazoval, si obrisal oči in ostal sedeti.

His body was too stiff with pain to rise or help in the fight.

Njegovo telo je bilo preveč otrdelo od bolečine, da bi vstal ali pomagal v boju.

Thornton stood over Buck, trembling with fury, unable to speak.

Thornton je stal nad Buckom, trepetal od besa in ni mogel govoriti.

He shook with rage and fought to find his voice through it.

Tresel se je od besa in se trudil najti svoj glas.

"If you strike that dog again, I'll kill you," he finally said.

„Če še enkrat udariš tega psa, te bom ubil," je končno rekel.

Hal wiped blood from his mouth and came forward again.

Hal si je obrisal kri z ust in spet stopil naprej.

"It's my dog," he muttered. "Get out of the way, or I'll fix you."

„To je moj pes," je zamrmral. „Umakni se, sicer te bom popravil."

"I'm going to Dawson, and you're not stopping me," he added.

„Grem v Dawson in ti me ne boš ustavil," je dodal.

Thornton stood firm between Buck and the angry young man.

Thornton je trdno stal med Buckom in jeznim mladeničem.

He had no intention of stepping aside or letting Hal pass.

Ni imel namena stopiti na stran ali pustiti Hala mimo.

Hal pulled out his hunting knife, long and dangerous in hand.

Hal je izvlekel svoj lovski nož, dolg in nevaren v roki.

Mercedes screamed, then cried, then laughed in wild hysteria.

Mercedes je kričala, nato jokala, nato pa se je divje histerično smejala.

Thornton struck Hal's hand with his axe-handle, hard and fast.

Thornton je močno in hitro udaril Hala po roki z ročajem sekire.

The knife was knocked loose from Hal's grip and flew to the ground.

Nož je Halu izpadel iz rok in poletel na tla.

Hal tried to pick the knife up, and Thornton rapped his knuckles again.

Hal je poskušal dvigniti nož, Thornton pa je spet potrkal s členki.

Then Thornton stooped down, grabbed the knife, and held it.

Nato se je Thornton sklonil, zgrabil nož in ga držal.

With two quick chops of the axe-handle, he cut Buck's reins.

Z dvema hitrima zamahoma ročaja sekire je prerezal Buckove vajeti.

Hal had no fight left in him and stepped back from the dog.

Hal se ni več mogel boriti in se je umaknil od psa.

Besides, Mercedes needed both arms now to keep her upright.

Poleg tega je Mercedes zdaj potrebovala obe roki, da je ostala pokonci.

Buck was too near death to be of use for pulling a sled again.

Buck je bil preblizu smrti, da bi lahko spet vlekel sani.

A few minutes later, they pulled out, heading down the river.

Nekaj minut kasneje so se odpeljali in se odpravili po reki navzdol.

Buck raised his head weakly and watched them leave the bank.

Buck je šibko dvignil glavo in jih opazoval, kako odhajajo iz banke.

Pike led the team, with Solleks at the rear in the wheel spot.

Pike je vodil ekipo, Solleks pa je bil zadaj na mestu zadnjega kolesarja.

Joe and Teek walked between, both limping with exhaustion.

Joe in Teek sta hodila med njimi, oba šepajoča od izčrpanosti.

Mercedes sat on the sled, and Hal gripped the long gee-pole.

Mercedes je sedela na saneh, Hal pa se je oklepal dolge palice.

Charles stumbled behind, his steps clumsy and uncertain.

Karel se je opotekal zadaj, njegovi koraki so bili nerodni in negotovi.

Thornton knelt by Buck and gently felt for broken bones.

Thornton je pokleknil poleg Bucka in nežno pretipal zlomljene kosti.

His hands were rough but moved with kindness and care.

Njegove roke so bile hrapave, a gibane s prijaznostjo in skrbnostjo.

Buck's body was bruised but showed no lasting injury.

Buckovo telo je bilo polno modric, vendar ni kazalo trajnih poškodb.

What remained was terrible hunger and near-total weakness.

Ostala je bila strašna lakota in skoraj popolna šibkost.

By the time this was clear, the sled had gone far downriver.

Ko se je to razjasnilo, so sani že daleč odplule po reki.

Man and dog watched the sled slowly crawl over the cracking ice.

Mož in pes sta opazovala, kako se sani počasi plazijo po razpokanem ledu.

Then, they saw the sled sink down into a hollow.

Nato so videli, kako se sani pogrezajo v votlino.

The gee-pole flew up, with Hal still clinging to it in vain.

Palica je poletela navzgor, Hal pa se je še vedno zaman oklepal.

Mercedes's scream reached them across the cold distance.

Mercedesin krik jih je dosegel čez hladno razdaljo.

Charles turned and stepped back—but he was too late.

Charles se je obrnil in stopil korak nazaj – a je bilo prepozno.

A whole ice sheet gave way, and they all dropped through.

Cela ledena plošča se je umaknila in vsi so padli skozenj.

Dogs, sled, and people vanished into the black water below.

Psi, sani in ljudje so izginili v črni vodi spodaj.

Only a wide hole in the ice was left where they had passed.

Kjer so šli mimo, je ostala le široka luknja v ledu.

The trail's bottom had dropped out—just as Thornton warned.

Dno poti se je udrlo – tako kot je opozoril Thornton.

Thornton and Buck looked at one another, silent for a moment.

Thornton in Buck sta se spogledala in za trenutek molčala.

"You poor devil," said Thornton softly, and Buck licked his hand.

„Ubogi hudič," je tiho rekel Thornton in Buck mu je obliznil roko.

For the Love of a Man
Za ljubezen do moškega

John Thornton froze his feet in the cold of the previous December.
Johnu Thorntonu so v mrazu prejšnjega decembra zmrznile noge.

His partners made him comfortable and left him to recover alone.
Njegovi partnerji so mu poskrbeli za udobje in ga pustili, da si sam opomore.

They went up the river to gather a raft of saw-logs for Dawson.
Šli so po reki navzgor, da bi nabrali splav žagarskih hlodov za Dawsona.

He was still limping slightly when he rescued Buck from death.
Ko je rešil Bucka pred smrtjo, je še vedno rahlo šepal.

But with warm weather continuing, even that limp disappeared.
Toda s toplim vremenom, ki se je nadaljevalo, je celo to šepanje izginilo.

Lying by the riverbank during long spring days, Buck rested.
Buck je v dolgih pomladnih dneh ležal ob rečnem bregu in počival.

He watched the flowing water and listened to birds and insects.
Opazoval je tekočo vodo in poslušal ptice in žuželke.

Slowly, Buck regained his strength under the sun and sky.
Buck si je pod soncem in nebom počasi povrnil moč.

A rest felt wonderful after traveling three thousand miles.
Počitek se je po prepotovanih petih tisoč kilometrih zdel čudovit.

Buck became lazy as his wounds healed and his body filled out.

Buck je postal len, ko so se mu rane zacelile in se mu je telo napolnilo.

His muscles grew firm, and flesh returned to cover his bones.

Njegove mišice so se utrdile in meso je spet prekrilo njegove kosti.

They were all resting—Buck, Thornton, Skeet, and Nig.

Vsi so počivali – Buck, Thornton, Skeet in Nig.

They waited for the raft that was going to carry them down to Dawson.

Čakali so na splav, ki jih bo odpeljal v Dawson.

Skeet was a small Irish setter who made friends with Buck.

Skeet je bil majhen irski seter, ki se je spoprijateljil z Buckom.

Buck was too weak and ill to resist her at their first meeting.

Buck je bil prešibak in bolan, da bi se ji na prvem srečanju uprl.

Skeet had the healer trait that some dogs naturally possess.

Skeet je imel zdravilno lastnost, ki jo imajo nekateri psi naravno.

Like a mother cat, she licked and cleaned Buck's raw wounds.

Kot mama mačka je lizala in čistila Buckove surove rane.

Every morning after breakfast, she repeated her careful work.

Vsako jutro po zajtrku je ponovila svoje skrbno delo.

Buck came to expect her help as much as he did Thornton's.

Buck je pričakoval njeno pomoč prav toliko kot Thorntonovo.

Nig was friendly too, but less open and less affectionate.

Tudi Nig je bil prijazen, vendar manj odprt in manj ljubeč.

Nig was a big black dog, part bloodhound and part deerhound.

Nig je bil velik črn pes, delno krvoslednik in delno jelenji hrt.

He had laughing eyes and endless good nature in his spirit.

Imel je smejoče se oči in neskončno dobro voljo v duši.

To Buck's surprise, neither dog showed jealousy toward him.

Na Buckovo presenečenje nobeden od psov ni pokazal ljubosumja do njega.

Both Skeet and Nig shared the kindness of John Thornton.

Tako Skeet kot Nig sta bila prijazna kot John Thornton.

As Buck got stronger, they lured him into foolish dog games.

Ko je Buck postajal močnejši, so ga zvabili v neumne pasje igre.

Thornton often played with them too, unable to resist their joy.

Tudi Thornton se je pogosto igral z njimi, saj se ni mogel upreti njihovemu veselju.

In this playful way, Buck moved from illness to a new life.

Na ta igriv način se je Buck iz bolezni premaknil v novo življenje.

Love—true, burning, and passionate love—was his at last.

Ljubezen – resnična, goreča in strastna ljubezen – je bila končno njegova.

He had never known this kind of love at Miller's estate.

Takšne ljubezni na Millerjevem posestvu še ni poznal.

With the Judge's sons, he had shared work and adventure.

S sodnikovimi sinovi si je delil delo in pustolovščine.

With the grandsons, he saw stiff and boastful pride.

Pri vnukih je videl tog in bahav ponos.

With Judge Miller himself, he had a respectful friendship.

S sodnikom Millerjem je imel spoštljivo prijateljstvo.

But love that was fire, madness, and worship came with Thornton.

Toda ljubezen, ki je bila ogenj, norost in čaščenje, je prišla s Thorntonom.

This man had saved Buck's life, and that alone meant a great deal.

Ta mož je rešil Bucku življenje in že samo to je veliko pomenilo.

But more than that, John Thornton was the ideal kind of master.

A še več kot to, John Thornton je bil idealen mojster.

Other men cared for dogs out of duty or business necessity.

Drugi moški so skrbeli za pse iz dolžnosti ali poslovne nujnosti.

John Thornton cared for his dogs as if they were his children.

John Thornton je skrbel za svoje pse, kot da bi bili njegovi otroci.

He cared for them because he loved them and simply could not help it.

Skrbelo ga je zanje, ker jih je imel rad in si preprosto ni mogel pomagati.

John Thornton saw even further than most men ever managed to see.

John Thornton je videl še dlje, kot je večina moških kdajkoli uspela videti.

He never forgot to greet them kindly or speak a cheering word.

Nikoli ni pozabil, da jih prijazno pozdravi ali jim spregovori kakšno spodbudno besedo.

He loved sitting down with the dogs for long talks, or "gassy," as he said.

Rad je sedel s psi na dolge pogovore ali, kot je rekel, "napihnjen".

He liked to seize Buck's head roughly between his strong hands.

Rad je grobo zgrabil Buckovo glavo med svojimi močnimi rokami.

Then he rested his own head against Buck's and shook him gently.

Nato je naslonil glavo na Buckovo in ga nežno stresel.

All the while, he called Buck rude names that meant love to Buck.

Ves čas je Bucka klical nesramne vzdevke, ki so Bucku pomenile ljubezen.

To Buck, that rough embrace and those words brought deep joy.

Bucku sta ta grob objem in te besede prinesla globoko veselje.

His heart seemed to shake loose with happiness at each movement.

Zdelo se je, kot da mu srce ob vsakem gibu zaigra od sreče.

When he sprang up afterward, his mouth looked like it laughed.

Ko je zatem skočil pokonci, so se mu usta zdela, kot da se smejijo.

His eyes shone brightly and his throat trembled with unspoken joy.

Oči so mu žarele in grlo se mu je treslo od neizrečenega veselja.

His smile stood still in that state of emotion and glowing affection.

Njegov nasmeh je obstal v tistem stanju čustev in žareče naklonjenosti.

Then Thornton exclaimed thoughtfully, "God! he can almost speak!"

Tedaj je Thornton zamišljeno vzkliknil: »Bog! Skoraj lahko govori!«

Buck had a strange way of expressing love that nearly caused pain.

Buck je imel čuden način izražanja ljubezni, ki ga je skoraj bolel.

He often griped Thornton's hand in his teeth very tightly.

Pogosto je Thorntonovo roko zelo močno stisnil z zobmi.

The bite was going to leave deep marks that stayed for some time after.

Ugriz naj bi pustil globoke sledi, ki so ostale še nekaj časa zatem.

Buck believed those oaths were love, and Thornton knew the same.

Buck je verjel, da so te prisege ljubezen, in Thornton je vedel enako.

Most often, Buck's love showed in quiet, almost silent adoration.

Najpogosteje se je Buckova ljubezen kazala v tihem, skoraj neslišnem oboževanju.

Though thrilled when touched or spoken to, he did not seek attention.

Čeprav je bil navdušen, ko so se ga dotaknili ali se z njim pogovarjali, ni iskal pozornosti.

Skeet nudged her nose under Thornton's hand until he petted her.

Skeet je dregnila smrček pod Thorntonovo roko, dokler je ni pobožal.

Nig walked up quietly and rested his large head on Thornton's knee.

Nig je tiho stopil bližje in naslonil svojo veliko glavo na Thorntonovo koleno.

Buck, in contrast, was satisfied to love from a respectful distance.

Buck pa je bil zadovoljen, da je ljubil s spoštljive razdalje.

He lied for hours at Thornton's feet, alert and watching closely.

Ure in ure je ležal ob Thorntonovih nogah, pozoren in pozorno opazoval.

Buck studied every detail of his master's face and slightest motion.

Buck je preučeval vsako podrobnost obraza svojega gospodarja in najmanjši gib.

Or lied farther away, studying the man's shape in silence.

Ali pa je ležal dlje stran in v tišini preučeval moško postavo.

Buck watched each small move, each shift in posture or gesture.

Buck je opazoval vsako majhno gibanje, vsako spremembo drže ali geste.

So powerful was this connection that often pulled Thornton's gaze.

Ta povezava je bila tako močna, da je pogosto pritegnila Thorntonov pogled.

He met Buck's eyes with no words, love shining clearly through.

Brez besed je srečal Buckov pogled, skozi katerega je jasno sijala ljubezen.

For a long while after being saved, Buck never let Thornton out of sight.

Dolgo časa po tem, ko so ga rešili, Buck ni izpustil Thorntona izpred oči.

Whenever Thornton left the tent, Buck followed him closely outside.

Kadar koli je Thornton zapustil šotor, mu je Buck tesno sledil ven.

All the harsh masters in the Northland had made Buck afraid to trust.

Vsi strogi gospodarji na Severu so Bucka prestrašili, da ne bi zaupal.

He feared no man could remain his master for more than a short time.

Bal se je, da nihče ne more ostati njegov gospodar dlje kot kratek čas.

He feared John Thornton was going to vanish like Perrault and François.

Bal se je, da bo John Thornton izginil kot Perrault in François.

Even at night, the fear of losing him haunted Buck's restless sleep.

Celo ponoči je strah pred izgubo njega preganjal Bucka v nemirnem spanju.

When Buck woke, he crept out into the cold, and went to the tent.

Ko se je Buck zbudil, se je priplazil ven v mraz in odšel do šotora.

He listened carefully for the soft sound of breathing inside.

Pozorno je prisluhnil, če bo zaslišal tiho dihanje v sebi.

Despite Buck's deep love for John Thornton, the wild stayed alive.

Kljub Buckovi globoki ljubezni do Johna Thorntona je divjina ostala živa.

That primitive instinct, awakened in the North, did not disappear.

Ta primitivni nagon, prebujen na severu, ni izginil.

Love brought devotion, loyalty, and the fire-side's warm bond.

Ljubezen je prinesla predanost, zvestobo in toplo vez ob ognju.

But Buck also kept his wild instincts, sharp and ever alert.

Toda Buck je ohranil tudi svoje divje nagone, ostre in vedno pozorne.

He was not just a tamed pet from the soft lands of civilization.

Ni bil le udomačen hišni ljubljenček iz mehkih dežel civilizacije.

Buck was a wild being who had come in to sit by Thornton's fire.

Buck je bil divje bitje, ki je prišlo sedet k Thorntonovemu ognju.

He looked like a Southland dog, but wildness lived within him.

Izgledal je kot pes iz južne dežele, a v njem je živela divjost.

His love for Thornton was too great to allow theft from the man.

Njegova ljubezen do Thorntona je bila prevelika, da bi mu dovolil krajo.

But in any other camp, he would steal boldly and without pause.

Toda v katerem koli drugem taboru bi kradel pogumno in brez prestanka.

He was so clever in stealing that no one could catch or accuse him.

Bil je tako spreten pri kraji, da ga nihče ni mogel ujeti ali obtožiti.

His face and body were covered in scars from many past fights.

Njegov obraz in telo sta bila prekrita z brazgotinami zaradi številnih preteklih bojev.

Buck still fought fiercely, but now he fought with more cunning.

Buck se je še vedno srdito boril, a zdaj se je boril z večjo prebrisanostjo.

Skeet and Nig were too gentle to fight, and they were Thornton's.

Skeet in Nig sta bila preveč nežna za boj, pa še Thorntonova sta bila.

But any strange dog, no matter how strong or brave, gave way.

Toda vsak čuden pes, ne glede na to, kako močan ali pogumen je popustil.

Otherwise, the dog found itself battling Buck; fighting for its life.

Sicer se je pes znašel v boju z Buckom; boril se je za svoje življenje.

Buck had no mercy once he chose to fight against another dog.

Buck ni imel usmiljenja, ko se je odločil za boj proti drugemu psu.

He had learned well the law of club and fang in the Northland.

Dobro se je naučil zakona kija in zoba na Severu.

He never gave up an advantage and never backed away from battle.

Nikoli se ni odpovedal prednosti in se nikoli ni umaknil iz boja.

He had studied Spitz and the fiercest dogs of mail and police.

Preučeval je Špice in najhujše poštne in policijske pse.

He knew clearly there was no middle ground in wild combat.

Jasno je vedel, da v divjem boju ni srednje poti.

He must rule or be ruled; showing mercy meant showing weakness.

Moral je vladati ali pa biti podrejen; izkazovanje usmiljenja je pomenilo izkazovanje šibkosti.

Mercy was unknown in the raw and brutal world of survival.

Usmiljenje je bilo v surovem in brutalnem svetu preživetja neznano.

To show mercy was seen as fear, and fear led quickly to death.

Izkazovanje usmiljenja je bilo razumljeno kot strah, strah pa je hitro vodil v smrt.

The old law was simple: kill or be killed, eat or be eaten.

Stari zakon je bil preprost: ubij ali bodi ubit, jej ali bodi pojeden.

That law came from the depths of time, and Buck followed it fully.

Ta zakon je prišel iz globin časa in Buck ga je dosledno upošteval.

Buck was older than his years and the number of breaths he took.

Buck je bil starejši od svojih let in števila vdihov, ki jih je vdihnil.

He connected the ancient past with the present moment clearly.

Jasno je povezal davno preteklost s sedanjim trenutkom.

The deep rhythms of the ages moved through him like the tides.

Globoki ritmi dob so se gibali skozenj kot plimovanje.

Time pulsed in his blood as surely as seasons moved the earth.

Čas mu je v krvi utripoval tako zanesljivo, kot so letni časi premikali zemljo.

He sat by Thornton's fire, strong-chested and white-fanged.

Sedel je ob Thorntonovem ognju, močnih prsi in belih zob.

His long fur waved, but behind him the spirits of wild dogs watched.

Njegov dolg kožuh se je valovil, a za njim so opazovali duhovi divjih psov.

Half-wolves and full wolves stirred within his heart and senses.

V njegovem srcu in čutilih so se prebudili polvolkovi in pravi volkovi.

They tasted his meat and drank the same water that he did.

Okusili so njegovo meso in pili isto vodo kot on.

They sniffed the wind alongside him and listened to the forest.

Ob njem so vohali veter in poslušali gozd.

They whispered the meanings of the wild sounds in the darkness.

V temi so si šepetali pomen divjih zvokov.

They shaped his moods and guided each of his quiet reactions.

Oblikovali so njegova razpoloženja in usmerjali vsako od njegovih tihih reakcij.

They lay with him as he slept and became part of his deep dreams.

Ležali so z njim, ko je spal, in postali del njegovih globokih sanj.

They dreamed with him, beyond him, and made up his very spirit.

Sanjali so z njim, onkraj njega, in sestavljali njegovo dušo.

The spirits of the wild called so strongly that Buck felt pulled.

Divji duhovi so klicali tako močno, da se je Buck počutil privlečenega.

Each day, mankind and its claims grew weaker in Buck's heart.

Vsak dan je človeštvo in njegove zahteve v Buckovem srcu postajalo vse šibkejše.

Deep in the forest, a strange and thrilling call was going to rise.

Globoko v gozdu se je zaslišal čuden in vznemirljiv klic.

Every time he heard the call, Buck felt an urge he could not resist.

Vsakič, ko je zaslišal klic, je Buck začutil potrebo, ki se ji ni mogel upreti.

He was going to turn from the fire and from the beaten human paths.

Obrnil se bo stran od ognja in s prehojenih človeških poti.

He was going to plunge into the forest, going forward without knowing why.

Nameraval se je pognati v gozd, naprej, ne da bi vedel, zakaj.

He did not question this pull, for the call was deep and powerful.

Te privlačnosti ni podvomil, saj je bil klic globok in močan.

Often, he reached the green shade and soft untouched earth

Pogosto je dosegel zeleno senco in mehko nedotaknjeno zemljo

But then the strong love for John Thornton pulled him back to the fire.

Potem pa ga je močna ljubezen do Johna Thorntona potegnila nazaj k ognju.

Only John Thornton truly held Buck's wild heart in his grasp.

Samo John Thornton je zares držal Buckovo divje srce v svojem objemu.

The rest of mankind had no lasting value or meaning to Buck.

Preostanek človeštva za Bucka ni imel trajne vrednosti ali pomena.

Strangers might praise him or stroke his fur with friendly hands.

Neznanci ga lahko pohvalijo ali pa mu s prijaznimi rokami pobožajo kožuh.

Buck remained unmoved and walked off from too much affection.

Buck je ostal neganjen in je zaradi prevelike naklonjenosti odšel.

Hans and Pete arrived with the raft that had long been awaited

Hans in Pete sta prispela s splavom, ki so ga dolgo čakali

Buck ignored them until he learned they were close to Thornton.

Buck jih je ignoriral, dokler ni izvedel, da so blizu Thorntona.

After that, he tolerated them, but never showed them full warmth.

Po tem jih je sicer toleriral, a jim ni nikoli pokazal polne topline.

He took food or kindness from them as if doing them a favor.

Jemal je hrano ali prijaznost od njih, kot da bi jim delal uslugo.

They were like Thornton—simple, honest, and clear in thought.

Bili so kot Thornton – preprosti, iskreni in jasnih misli.

All together they traveled to Dawson's saw-mill and the great eddy

Vsi skupaj so odpotovali do Dawsonove žage in velikega vrtinca

On their journey the learned to understand Buck's nature deeply.

Na svoji poti so se naučili globoko razumeti Buckovo naravo.

They did not try to grow close like Skeet and Nig had done.

Nista se poskušala zbližati, kot sta se to storila Skeet in Nig.

But Buck's love for John Thornton only deepened over time.

Toda Buckova ljubezen do Johna Thorntona se je sčasoma le še poglobila.

Only Thornton could place a pack on Buck's back in the summer.

Samo Thornton je lahko poleti Bucka obremenil.

Whatever Thornton commanded, Buck was willing to do fully.

Karkoli je Thornton ukazal, je bil Buck pripravljen v celoti storiti.

One day, after they left Dawson for the headwaters of the Tanana,

Nekega dne, ko so zapustili Dawson in se odpravili proti izviru Tanane,

the group sat on a cliff that dropped three feet to bare bedrock.

Skupina je sedela na pečini, ki se je spuščala meter globoko do gole skalne podlage.

John Thornton sat near the edge, and Buck rested beside him.

John Thornton je sedel blizu roba, Buck pa je počival poleg njega.

Thornton had a sudden thought and called the men's attention.

Thorntonu se je nenadoma posvetila misel in je pritegnil pozornost moških.

He pointed across the chasm and gave Buck a single command.

Pokazal je čez prepad in dal Bucku en sam ukaz.

"Jump, Buck!" he said, swinging his arm out over the drop.

„Skoči, Buck!" je rekel in zamahnil z roko čez prepad.

In a moment, he had to grab Buck, who was leaping to obey.

V trenutku je moral zgrabiti Bucka, ki je skočil, da bi ga ubogal.

Hans and Pete rushed forward and pulled both back to safety.

Hans in Pete sta stekla naprej in oba potegnila nazaj na varno.

After all ended, and they had caught their breath, Pete spoke up.

Ko se je vse končalo in so si oddahnili, je spregovoril Pete.

"The love's uncanny," he said, shaken by the dog's fierce devotion.

„Ljubezen je nenavadna," je rekel, pretresen od pasje divje predanosti.

Thornton shook his head and replied with calm seriousness.

Thornton je zmajal z glavo in odgovoril z mirno resnostjo.

"No, the love is splendid," he said, "but also terrible."

„Ne, ljubezen je čudovita," je rekel, „ampak tudi grozna."

"Sometimes, I must admit, this kind of love makes me afraid."

"Včasih moram priznati, da me takšna ljubezen straši."

Pete nodded and said, "I'd hate to be the man who touches you."

Pete je prikimal in rekel: »Ne bi se rad dotaknil tebe.«

He looked at Buck as he spoke, serious and full of respect.

Medtem ko je govoril, je pogledal Bucka, resno in polno spoštovanja.

"Py Jingo!" said Hans quickly. "Me either, no sir."
„Py Jingo!" je hitro rekel Hans. „Jaz tudi ne, gospod."

Before the year ended, Pete's fears came true at Circle City.
Pred koncem leta so se Peteovi strahovi v Circle Cityju
uresničili.
A cruel man named Black Burton picked a fight in the bar.
Krut moški po imenu Black Burton se je v baru sprl.
**He was angry and malicious, lashing out at a new
tenderfoot.**
Bil je jezen in zloben, napadel je novega tekača.
John Thornton stepped in, calm and good-natured as always.
Vstopil je John Thornton, miren in dobrodušen kot vedno.
Buck lay in a corner, head down, watching Thornton closely.
Buck je ležal v kotu s sklonjeno glavo in pozorno opazoval
Thorntona.
**Burton suddenly struck, his punch sending Thornton
spinning.**
Burton je nenadoma udaril, Thorntona pa je zavrtel.
**Only the bar's rail kept him from crashing hard to the
ground.**
Le ograja bara ga je obvarovala pred močnim padcem na tla.
The watchers heard a sound that was not bark or yelp
Opazovalci so slišali zvok, ki ni bil lajanje ali cviljenje
a deep roar came from Buck as he launched toward the man.
Buck je zagrmel, ko se je pognal proti moškemu.
Burton threw his arm up and barely saved his own life.
Burton je dvignil roko in si komaj rešil življenje.
Buck crashed into him, knocking him flat onto the floor.
Buck je trčil vanj in ga zbil na tla.
Buck bit deep into the man's arm, then lunged for the throat.
Buck je globoko ugriznil v moškega v roko, nato pa se je
pognal proti grlu.
Burton could only partly block, and his neck was torn open.
Burton je lahko le delno blokiral, vrat pa si je raztrgal.
**Men rushed in, clubs raised, and drove Buck off the
bleeding man.**

Moški so prihiteli noter z dvignjenimi palicami in odgnali
Bucka stran od krvavečega moškega.

**A surgeon worked quickly to stop the blood from flowing
out.**
Kirurg je hitro ukrepal, da bi ustavil iztekanje krvi.

Buck paced and growled, trying to attack again and again.
Buck je hodil sem in tja in renčal ter poskušal znova in znova
napasti.

Only swinging clubs kept him back from reaching Burton.
Le s palicami ni mogel doseči Burtona.

**A miners' meeting was called and held right there on the
spot.**
Sklicali so rudarski zbor in ga odpeljali kar na kraju samem.

**They agreed Buck had been provoked and voted to set him
free.**
Strinjali so se, da je bil Buck izzvan, in glasovali za njegovo
izpustitev.

But Buck's fierce name now echoed in every camp in Alaska.
Toda Buckovo ostro ime je zdaj odmevalo v vsakem taborišču
na Aljaski.

Later that fall, Buck saved Thornton again in a new way.
Kasneje iste jeseni je Buck na nov način znova rešil Thorntona.

The three men were guiding a long boat down rough rapids.
Trije moški so vodili dolg čoln po razburkanih brzicah.

Thornton maned the boat, calling directions to the shoreline.
Thornton je upravljal čoln in klical navodila za pot do obale.

Hans and Pete ran on land, holding a rope from tree to tree.
Hans in Pete sta tekla po kopnem in se držala za vrv, ki je
visela od drevesa do drevesa.

Buck kept pace on the bank, always watching his master.
Buck je držal korak na bregu in ves čas opazoval svojega
gospodarja.

At one nasty place, rocks jutted out under the fast water.
Na enem grdem mestu so izpod hitre vode štrlele skale.

Hans let go of the rope, and Thornton steered the boat wide.
Hans je spustil vrv in Thornton je čoln usmeril na široko.

Hans sprinted to catch the boat again past the dangerous rocks.

Hans je tekel, da bi spet ujel čoln mimo nevarnih skal.

The boat cleared the ledge but hit a stronger part of the current.

Čoln je prečkal rob, a je zadel močnejši del toka.

Hans grabbed the rope too quickly and pulled the boat off balance.

Hans je prehitro zgrabil vrv in čoln potegnil iz ravnotežja.

The boat flipped over and slammed into the bank, bottom up.

Čoln se je prevrnil in z dnom navzgor trčil v breg.

Thornton was thrown out and swept into the wildest part of the water.

Thorntona je vrglo ven in ga je odneslo v najbolj divji del vode.

No swimmer could have survived in those deadly, racing waters.

Noben plavalec ne bi mogel preživeti v teh smrtonosnih, hitrih vodah.

Buck jumped in instantly and chased his master down the river.

Buck je takoj skočil noter in zasledoval svojega gospodarja po reki.

After three hundred yards, he reached Thornton at last.

Po tristo metrih je končno dosegel Thornton.

Thornton grabbed Buck's tail, and Buck turned for the shore.

Thornton je zgrabil Bucka za rep in Buck se je obrnil proti obali.

He swam with full strength, fighting the water's wild drag.

Plaval je z vso močjo in se boril proti divjemu vlečenju vode.

They moved downstream faster than they could reach the shore.

Hitreje so se premikali po toku, kot so lahko dosegli obalo.

Ahead, the river roared louder as it fell into deadly rapids.

Pred nami je reka glasneje bučala, ko se je zlivala v smrtonosne brzice.

Rocks sliced through the water like the teeth of a huge comb.

Kamenje je rezalo vodo kot zobje ogromnega glavnika.

The pull of the water near the drop was savage and inescapable.

Vlečenje vode blizu padca je bilo divje in neizogibno.

Thornton knew they could never make the shore in time.

Thornton je vedel, da nikoli ne bodo mogli pravočasno prispeti na obalo.

He scraped over one rock, smashed across a second,

Strgal je ob eno skalo, razbil ob drugo,

And then he crashed into a third rock, grabbing it with both hands.

In potem je trčil v tretjo skalo in se je oklepal z obema rokama.

He let go of Buck and shouted over the roar, "Go, Buck! Go!"

Izpustil je Bucka in zakričal čez rjovenje: "Naprej, Buck! Naprej!"

Buck could not stay afloat and was swept down by the current.

Buck ni mogel ostati na površju in ga je odnesel tok.

He fought hard, struggling to turn, but made no headway at all.

Močno se je boril, se trudil obrniti, a ni dosegel nobenega napredka.

Then he heard Thornton repeat the command over the river's roar.

Nato je slišal Thorntona, ki je ponovil ukaz čez bučanje reke.

Buck reared out of the water, raised his head as if for a last look.

Buck se je dvignil iz vode in dvignil glavo, kot da bi ga še zadnjič pogledal.

then turned and obeyed, swimming toward the bank with resolve.

nato se je obrnil in ubogal ter odločno plaval proti bregu.

Pete and Hans pulled him ashore at the final possible moment.

Pete in Hans sta ga v zadnjem možnem trenutku potegnila na obalo.

They knew Thornton could cling to the rock for only minutes more.

Vedeli so, da se Thornton lahko oklepa skale le še nekaj minut.

They ran up the bank to a spot far above where he was hanging.

Stekli so po bregu do mesta daleč nad mestom, kjer je visel.

They tied the boat's line to Buck's neck and shoulders carefully.

Vrv čolna so previdno privezali Bucku na vrat in ramena.

The rope was snug but loose enough for breathing and movement.

Vrv je bila tesno pripeta, a dovolj ohlapna za dihanje in gibanje.

Then they launched him into the rushing, deadly river again.

Nato so ga spet vrgli v deročo, smrtonosno reko.

Buck swam boldly but missed his angle into the stream's force.

Buck je pogumno plaval, a je zgrešil svoj kot v sili potoka.

He saw too late that he was going to drift past Thornton.

Prepozno je videl, da bo zdrsnil mimo Thorntona.

Hans jerked the rope tight, as if Buck were a capsizing boat.

Hans je sunkovito zategnil vrv, kot da bi bil Buck prevrnjen čoln.

The current pulled him under, and he vanished below the surface.

Tok ga je potegnil pod površje in izginil je.

His body struck the bank before Hans and Pete pulled him out.

Njegovo truplo je udarilo v breg, preden sta ga Hans in Pete potegnila ven.

He was half-drowned, and they pounded the water out of him.

Bil je napol utopljen in iz njega so iztisnili vodo.

Buck stood, staggered, and collapsed again onto the ground.

Buck je vstal, se opotekel in se spet zgrudil na tla.

Then they heard Thornton's voice faintly carried by the wind.

Nato so zaslišali Thorntonov glas, ki ga je slabo nosil veter.

Though the words were unclear, they knew he was near death.

Čeprav so bile besede nejasne, so vedeli, da je blizu smrti.

The sound of Thornton's voice hit Buck like an electric jolt.

Zvok Thorntonovega glasu je Bucka zadel kot električni sunek.

He jumped up and ran up the bank, returning to the launch point.

Skočil je pokonci in stekel po bregu navzgor, nazaj do izhodišča.

Again they tied the rope to Buck, and again he entered the stream.

Spet so privezali vrv na Bucka in spet je vstopil v potok.

This time, he swam directly and firmly into the rushing water.

Tokrat je plaval naravnost in odločno v deročo vodo.

Hans let out the rope steadily while Pete kept it from tangling.

Hans je enakomerno spuščal vrv, medtem ko je Pete preprečeval, da bi se zapletla.

Buck swam hard until he was lined up just above Thornton.

Buck je močno plaval, dokler se ni poravnal tik nad Thorntonom.

Then he turned and charged down like a train in full speed.

Nato se je obrnil in se pognal navzdol kot vlak s polno hitrostjo.

Thornton saw him coming, braced, and locked arms around his neck.

Thornton ga je videl prihajati, se pripravil in ga objel okoli vratu.

Hans tied the rope fast around a tree as both were pulled under.

Hans je vrv trdno privezal okoli drevesa, ko sta oba potegnila pod sebe.

They tumbled underwater, smashing into rocks and river debris.

Padali so pod vodo in se zaletavali v skale in rečne naplavine.

One moment Buck was on top, the next Thornton rose gasping.

V enem trenutku je bil Buck na vrhu, v naslednjem pa je Thornton vstal, sopejoč.

Battered and choking, they veered to the bank and safety.

Pretepeni in zadušeni so se obrnili proti bregu in na varno.

Thornton regained consciousness, lying across a drift log.

Thornton se je zavedel, ko je ležal na naplavljenem hlodcu.

Hans and Pete worked him hard to bring back breath and life.

Hans in Pete sta trdo delala, da bi mu povrnila sapo in življenje.

His first thought was for Buck, who lay motionless and limp.

Njegova prva misel je bila na Bucka, ki je negibno in mlahavo ležal.

Nig howled over Buck's body, and Skeet licked his face gently.

Nig je zavil nad Buckovim telesom, Skeet pa mu je nežno polizal obraz.

Thornton, sore and bruised, examined Buck with careful hands.

Thornton, boleč in podplut, je s skrbnimi rokami pregledal Bucka.

He found three ribs broken, but no deadly wounds in the dog.

Ugotovil je, da ima tri zlomljena rebra, vendar pri psu ni bilo smrtonosnih ran.

"That settles it," Thornton said. "We camp here." And they did.

„To je rešeno," je rekel Thornton. „Tukaj bomo taborili." In to so storili.

They stayed until Buck's ribs healed and he could walk again.

Ostali so, dokler se Bucku niso zacelila rebra in je spet lahko hodil.

That winter, Buck performed a feat that raised his fame further.

Tisto zimo je Buck izvedel podvig, ki je še bolj povečal njegovo slavo.

It was less heroic than saving Thornton, but just as impressive.

Bilo je manj junaško kot rešitev Thorntona, a prav tako impresivno.

At Dawson, the partners needed supplies for a distant journey.

V Dawsonu so partnerji potrebovali zaloge za oddaljeno potovanje.

They wanted to travel East, into untouched wilderness lands.

Želeli so potovati na vzhod, v nedotaknjena divja območja.

Buck's deed in the Eldorado Saloon made that trip possible.

Buckovo dejanje v salonu Eldorado je omogočilo to potovanje.

It began with men bragging about their dogs over drinks.

Začelo se je z moškimi, ki so se med pijačo hvalili s svojimi psi.

Buck's fame made him the target of challenges and doubt.

Buckova slava ga je naredila tarčo izzivov in dvomov.

Thornton, proud and calm, stood firm in defending Buck's name.

Thornton, ponosen in miren, je neomajno branil Buckovo ime.

One man said his dog could pull five hundred pounds with ease.

Neki moški je rekel, da njegov pes z lahkoto vleče dvesto kilogramov.

Another said six hundred, and a third bragged seven hundred.

Drug je rekel šeststo, tretji pa se je hvalil s sedemsto.

"Pfft!" said John Thornton, "Buck can pull a thousand pound sled."

„Pfft!" je rekel John Thornton, „Buck lahko vleče tisoč funtov težke sani."

Matthewson, a Bonanza King, leaned forward and challenged him.

Matthewson, kralj Bonanze, se je nagnil naprej in ga izzval.

"You think he can put that much weight into motion?"

"Misliš, da lahko premakne toliko teže?"

"And you think he can pull the weight a full hundred yards?"

"In misliš, da lahko potegne utež celih sto metrov?"

Thornton replied coolly, "Yes. Buck is dog enough to do it."

Thornton je hladnokrvno odgovoril: »Da. Buck je dovolj pes, da to stori.«

"He'll put a thousand pounds into motion, and pull it a hundred yards."

"Spravil bo v gibanje tisoč funtov in ga potegnil sto jardov."

Matthewson smiled slowly and made sure all men heard his words.

Matthewson se je počasi nasmehnil in poskrbel, da so vsi moški slišali njegove besede.

"I've got a thousand dollars that says he can't. There it is."

"Imam tisoč dolarjev, ki pravijo, da ne more. Tukaj je."

He slammed a sack of gold dust the size of sausage on the bar.

Na šank je treščil vrečko zlatega prahu, veliko kot klobasa.

Nobody said a word. The silence grew heavy and tense around them.

Nihče ni rekel niti besede. Tišina okoli njih je postajala vse težja in napetejša.

Thornton's bluff—if it was one—had been taken seriously.

Thorntonov blef – če je sploh blef – je bil vzet resno.

He felt heat rise in his face as blood rushed to his cheeks.

Čutil je vročino, ki mu je naraščala v obraz, ko mu je kri pritekla v lica.

His tongue had gotten ahead of his reason in that moment.
V tistem trenutku je njegov jezik prehitel razum.
He truly didn't know if Buck could move a thousand pounds.
Resnično ni vedel, če Buck lahko premakne tisoč funtov.
Half a ton! The size of it alone made his heart feel heavy.
Pol tone! Že sama velikost mu je stisnilo srce.
He had faith in Buck's strength and had thought him capable.
Verjel je v Buckovo moč in mislil, da je sposoben.
But he had never faced this kind of challenge, not like this.
Vendar se še nikoli ni soočil s tovrstnim izzivom, ne s takim.
A dozen men watched him quietly, waiting to see what he'd do.
Ducat mož ga je tiho opazovalo in čakalo, kaj bo storil.
He didn't have the money—neither did Hans or Pete.
Ni imel denarja – niti Hans niti Pete.
"I've got a sled outside," said Matthewson coldly and direct.
„Zunaj imam sani," je hladno in neposredno rekel Matthewson.
"It's loaded with twenty sacks, fifty pounds each, all flour.
„Naloženo je z dvajsetimi vrečami, vsaka po petdeset funtov, vse moke."
So don't let a missing sled be your excuse now," he added.
"Zato naj vam manjkajoče sani zdaj ne bodo izgovor," je dodal.
Thornton stood silent. He didn't know what words to offer.
Thornton je molčal. Ni vedel, katere besede naj ponudi.
He looked around at the faces without seeing them clearly.
Ozrl se je po obrazih, ne da bi jih jasno videl.
He looked like a man frozen in thought, trying to restart.
Videti je bil kot človek, zamrznjen v mislih, ki poskuša znova začeti.
Then he saw Jim O'Brien, a friend from the Mastodon days.
Potem je zagledal Jima O'Briena, prijatelja iz časov Mastodonta.
That familiar face gave him courage he didn't know he had.

Ta znani obraz mu je vlil pogum, za katerega ni vedel, da ga ima.

He turned and asked in a low voice, "Can you lend me a thousand?"

Obrnil se je in tiho vprašal: »Mi lahko posodiš tisoč?«

"Sure," said O'Brien, dropping a heavy sack by the gold already.

„Seveda," je rekel O'Brien in že spustil težko vrečo poleg zlata.

"But truthfully, John, I don't believe the beast can do this."

"Ampak resnici na ljubo, John, ne verjamem, da zver to zmore."

Everyone in the Eldorado Saloon rushed outside to see the event.

Vsi v salonu Eldorado so stekli ven, da bi si ogledali dogodek.

They left tables and drinks, and even the games were paused.

Zapustili so mize in pijačo, celo igre so bile začasno ustavljene.

Dealers and gamblers came to witness the bold wager's end.

Krupjeji in igralci na srečo so prišli, da bi bili priča koncu drzne stave.

Hundreds gathered around the sled in the icy open street.

Na ledeni ulici se je okoli sani zbralo na stotine ljudi.

Matthewson's sled stood with a full load of flour sacks.

Matthewsonove sani so stale polne vreč moke.

The sled had been sitting for hours in minus temperatures.

Sani so ure stale pri minus temperaturah.

The sled's runners were frozen tight to the packed-down snow.

Tekači sani so bili tesno primrznjeni v zbit sneg.

Men offered two-to-one odds that Buck could not move the sled.

Moški so stavili dve proti ena, da Buck ne bo mogel premakniti sani.

A dispute broke out about what "break out" really meant.

Izbruhnil je spor o tem, kaj "izbruh" v resnici pomeni.

O'Brien said Thornton should loosen the sled's frozen base.

O'Brien je rekel, da bi moral Thornton zrahljati zamrznjeno podlago sani.

Buck could then "break out" from a solid, motionless start.

Buck se je nato lahko "izbil" iz trdnega, negibnega začetka.

Matthewson argued the dog must break the runners free too.

Matthewson je trdil, da mora pes tudi osvoboditi tekače.

The men who had heard the bet agreed with Matthewson's view.

Možje, ki so slišali stavo, so se strinjali z Matthewsonovim stališčem.

With that ruling, the odds jumped to three-to-one against Buck.

S to odločitvijo so se kvote proti Bucku povečale na tri proti ena.

No one stepped forward to take the growing three-to-one odds.

Nihče se ni odločil izkoristiti naraščajoče kvote tri proti ena.

Not a single man believed Buck could perform the great feat.

Nihče ni verjel, da bi Buck lahko izvedel ta veliki podvig.

Thornton had been rushed into the bet, heavy with doubts.

Thorntona so v stavo prisilili, polnega dvomov.

Now he looked at the sled and the ten-dog team beside it.

Zdaj je pogledal sani in desetpse vprego poleg njih.

Seeing the reality of the task made it seem more impossible.

Ko sem videl realnost naloge, se je zdela še bolj nemogoča.

Matthewson was full of pride and confidence in that moment.

Matthewson je bil v tistem trenutku poln ponosa in samozavesti.

"Three to one!" he shouted. "I'll bet another thousand, Thornton!

„Tri proti ena!" je zavpil. „Stavim še tisoč, Thornton!"

What do you say?" he added, loud enough for all to hear.

„Kaj praviš?" je dodal dovolj glasno, da so ga vsi slišali.

Thornton's face showed his doubts, but his spirit had risen.

Thorntonov obraz je kazal dvome, a njegov duh se je dvignil.

That fighting spirit ignored odds and feared nothing at all.

Ta borbeni duh je prezrl ovire in se ni bal ničesar.

He called Hans and Pete to bring all their cash to the table.

Poklical je Hansa in Peta, da prineseta ves svoj denar na mizo.

They had little left—only two hundred dollars combined.

Ostalo jim je malo – skupaj le dvesto dolarjev.

This small sum was their total fortune during hard times.

Ta majhna vsota je bila njihovo celotno bogastvo v težkih časih.

Still, they laid all of the fortune down against Matthewson's bet.

Vseeno so stavili vse premoženje proti Matthewsonovi stavi.

The ten-dog team was unhitched and moved away from the sled.

Vprega desetih psov je bila odvezana in se odmaknila od sani.

Buck was placed in the reins, wearing his familiar harness.

Bucka so posadili na vajeti in ga oprli v svoj znani oprsnik.

He had caught the energy of the crowd and felt the tension.

Ujel je energijo množice in začutil napetost.

Somehow, he knew he had to do something for John Thornton.

Nekako je vedel, da mora nekaj storiti za Johna Thorntona.

People murmured with admiration at the dog's proud figure.

Ljudje so občudovali ponosno postavo psa in mrmrali z občudovanjem.

He was lean and strong, without a single extra ounce of flesh.

Bil je suh in močan, brez enega samega odvečnega koščka mesa.

His full weight of hundred fifty pounds was all power and endurance.

Njegova polna teža sto petdeset funtov je bila vsa moč in vzdržljivost.

Buck's coat gleamed like silk, thick with health and strength.

Buckov kožuh se je lesketal kot svila, poln zdravja in moči.

The fur along his neck and shoulders seemed to lift and bristle.

Dlaka vzdolž njegovega vratu in ramen se je zdela dvignjena in naježena.

His mane moved slightly, each hair alive with his great energy.

Njegova griva se je rahlo premaknila, vsak las je bil živahen od njegove velike energije.

His broad chest and strong legs matched his heavy, tough frame.

Njegova široka prsa in močne noge so se ujemale z njegovo težko, žilavo postavo.

Muscles rippled under his coat, tight and firm as bound iron.

Mišice so se mu pod plaščem valovile, napete in čvrste kot okovano železo.

Men touched him and swore he was built like a steel machine.

Moški so se ga dotikali in prisegali, da je bil grajen kot jeklen stroj.

The odds dropped slightly to two to one against the great dog.

Kvota se je nekoliko znižala na dva proti ena proti velikemu psu.

A man from the Skookum Benches pushed forward, stuttering.

Moški s klopi Skookum se je jecljajoč prerival naprej.

"Good, sir! I offer eight hundred for him — before the test, sir!"

„Dobro, gospod! Ponujam osemsto zanj – pred preizkusom, gospod!"

"Eight hundred, as he stands right now!" the man insisted.

„Osemsto, kot je zdaj!" je vztrajal moški.

Thornton stepped forward, smiled, and shook his head calmly.

Thornton je stopil naprej, se nasmehnil in mirno zmajal z glavo.

Matthewson quickly stepped in with a warning voice and frown.

Matthewson je hitro vstopil z opozorilnim glasom in se namrščil.

"You must step away from him," he said. "Give him space."

„Moraš se od njega umakniti," je rekel. „Daj mu prostor."

The crowd grew silent; only gamblers still offered two to one.

Množica je utihnila; le še igralci na srečo so ponujali stave dva proti ena.

Everyone admired Buck's build, but the load looked too great.

Vsi so občudovali Buckovo postavo, toda tovor je bil videti prevelik.

Twenty sacks of flour—each fifty pounds in weight— seemed far too much.

Dvajset vreč moke – vsaka tehtala je petdeset funtov – se je zdelo preveč.

No one was willing to open their pouch and risk their money.

Nihče ni bil pripravljen odpreti torbice in tvegati svojega denarja.

Thornton knelt beside Buck and took his head in both hands.

Thornton je pokleknil poleg Bucka in mu z rokami prijel glavo.

He pressed his cheek against Buck's and spoke into his ear.

Pritisnil je lice k Buckovemu in mu govoril na uho.

There was no playful shaking or whispered loving insults now.

Zdaj ni bilo več igrivega stresanja ali šepetanja ljubečih žaljivk.

He only murmured softly, "As much as you love me, Buck."

Le tiho je zamrmral: »Čeprav me ljubiš, Buck.«

Buck let out a quiet whine, his eagerness barely restrained.

Buck je tiho zacvilil, komaj zadrževal svojo vnemo.

The onlookers watched with curiosity as tension filled the air.

Opazovalci so z radovednostjo opazovali, kako je v zraku naraščala napetost.

The moment felt almost unreal, like something beyond reason.

Trenutek se je zdel skoraj neresničen, kot nekaj onkraj razuma.

When Thornton stood, Buck gently took his hand in his jaws.

Ko je Thornton vstal, ga je Buck nežno prijel za roko.

He pressed down with his teeth, then let go slowly and gently.

Pritisnil je z zobmi, nato pa počasi in nežno spustil.

It was a silent answer of love, not spoken, but understood.

Bil je tihi odgovor ljubezni, ne izrečen, ampak razumljen.

Thornton stepped well back from the dog and gave the signal.

Thornton se je precej oddaljil od psa in dal znak.

"Now, Buck," he said, and Buck responded with focused calm.

„No, Buck," je rekel, Buck pa je odgovoril z osredotočenim mirom.

Buck tightened the traces, then loosened them by a few inches.

Buck je zategnil sledi, nato pa jih je za nekaj centimetrov zrahljal.

This was the method he had learned; his way to break the sled.

To je bila metoda, ki se je je naučil; njegov način, kako uničiti sani.

"Gee!" Thornton shouted, his voice sharp in the heavy silence.

„Joj!" je zavpil Thornton z ostrim glasom v težki tišini.

Buck turned to the right and lunged with all of his weight.

Buck se je obrnil v desno in se z vso težo pognal naprej.

The slack vanished, and Buck's full mass hit the tight traces.

Ohlapnost je izginila in Buckova vsa masa je zadela tesne proge.

The sled trembled, and the runners made a crisp crackling sound.

Sani so se tresle, tekači pa so izdali hrustljav pokajoč zvok.

"Haw!" Thornton commanded, shifting Buck's direction again.

„Hau!" je ukazal Thornton in spet spremenil Buckovo smer.

Buck repeated the move, this time pulling sharply to the left.

Buck je ponovil gib, tokrat ostro potegnil v levo.

The sled cracked louder, the runners snapping and shifting.

Sani so pokale glasneje, tekači so škripali in se premikali.

The heavy load slid slightly sideways across the frozen snow.

Težak tovor je rahlo drsel postrani po zmrznjenem snegu.

The sled had broken free from the grip of the icy trail!

Sani so se osvobodile iz primeža ledene poti!

Men held their breath, unaware they were not even breathing.

Moški so zadrževali dih, ne da bi se zavedali, da sploh ne dihajo.

"Now, PULL!" Thornton cried out across the frozen silence.

„Zdaj pa POVLECI!" je zavpil Thornton čez ledeno tišino.

Thornton's command rang out sharp, like the crack of a whip.

Thorntonov ukaz je odmeval ostro, kot bič.

Buck hurled himself forward with a fierce and jarring lunge.

Buck se je z divjim in sunkovitim skokom pognal naprej.

His whole frame tensed and bunched for the massive strain.

Celotno telo se mu je napelo in stisnilo pri močni obremenitvi.

Muscles rippled under his fur like serpents coming alive.

Mišice so se mu pod kožuhom valovile kot kače, ki oživljajo.

His great chest was low, head stretched forward toward the sled.

Njegove široke prsi so bile nizke, glava pa iztegnjena naprej proti sanem.

His paws moved like lightning, claws slicing the frozen ground.

Njegove šape so se premikale kot blisk, kremplji pa so rezali po zmrznjeni tleh.

Grooves were cut deep as he fought for every inch of traction.

Utori so bili globoko zarezani, ko se je boril za vsak centimeter oprijema.

The sled rocked, trembled, and began a slow, uneasy motion.

Sani so se zibale, tresle in začele počasi, nemirno gibati.

One foot slipped, and a man in the crowd groaned aloud.

Ena noga mu je zdrsnila in moški v množici je glasno zastokal.

Then the sled lunged forward in a jerking, rough movement.

Nato so se sani sunkovito, grobo pognale naprej.

It didn't stop again—half an inch...an inch...two inches more.

Ni se spet ustavilo – pol palca ... centimeter ... dva palca več.

The jerks became smaller as the sled began to gather speed.

Sunki so postajali vse manjši, ko so sani začele pridobivati hitrost.

Soon Buck was pulling with smooth, even, rolling power.

Kmalu je Buck vlekel z gladko, enakomerno, kotalno močjo.

Men gasped and finally remembered to breathe again.

Moški so zavzdihnili in se končno spomnili, da morajo spet dihati.

They had not noticed their breath had stopped in awe.

Niso opazili, da jim je od strahospoštovanja zastal dih.

Thornton ran behind, calling out short, cheerful commands.

Thornton je tekel za njim in vzklikal kratke, vesele ukaze.

Ahead was a stack of firewood that marked the distance.

Pred nami je bil kup drv, ki je označeval razdaljo.

As Buck neared the pile, the cheering grew louder and louder.

Ko se je Buck bližal kupu, je vzklikanje postajalo vse glasnejše.

The cheering swelled into a roar as Buck passed the end point.

Navijanje se je stopnjevalo v rjovenje, ko je Buck prečkal končno točko.

Men jumped and shouted, even Matthewson broke into a grin.

Moški so skakali in kričali, celo Matthewson se je nasmehnil.

Hats flew into the air, mittens were tossed without thought or aim.

Klobuki so leteli v zrak, palčniki so bili metani brez premisleka in cilja.

Men grabbed each other and shook hands without knowing who.

Moški so se prijeli in se rokovali, ne da bi vedeli, kdo.

The whole crowd buzzed in wild, joyful celebration.

Vsa množica je brenčala v divjem, veselem praznovanju.

Thornton dropped to his knees beside Buck with trembling hands.

Thornton je s tresočimi rokami padel na kolena poleg Bucka.

He pressed his head to Buck's and shook him gently back and forth.

Pritisnil je glavo k Buckovi in ga nežno stresal sem ter tja.

Those who approached heard him curse the dog with quiet love.

Tisti, ki so se približali, so ga slišali, kako je s tiho ljubeznijo preklinjal psa.

He swore at Buck for a long time—softly, warmly, with emotion.

Dolgo je preklinjal Bucka – tiho, toplo, ganjeno.

"Good, sir! Good, sir!" cried the Skookum Bench king in a rush.

„Dobro, gospod! Dobro, gospod!" je naglo zavpil kralj skookumske klopi.

"I'll give you a thousand—no, twelve hundred—for that dog, sir!"

„Dal vam bom tisoč – ne, dvesto dvesto – za tega psa, gospod!"

Thornton rose slowly to his feet, his eyes shining with emotion.

Thornton se je počasi dvignil na noge, oči so mu žarele od čustev.

Tears streamed openly down his cheeks without any shame.

Solze so mu odkrito tekle po licih brez kakršnega koli sramu.

"Sir," he said to the Skookum Bench king, steady and firm

„Gospod," je rekel kralju klopi Skookum, mirno in odločno

"No, sir. You can go to hell, sir. That's my final answer."

"Ne, gospod. Lahko greste k vragu, gospod. To je moj končni odgovor."

Buck grabbed Thornton's hand gently in his strong jaws.
Buck je nežno zgrabil Thorntonovo roko s svojimi močnimi čeljustmi.

Thornton shook him playfully, their bond deep as ever.
Thornton ga je igrivo stresel, njuna vez je bila globoka kot vedno.

The crowd, moved by the moment, stepped back in silence.
Množica, ganjena nad trenutkom, se je v tišini umaknila.

From then on, none dared interrupt such sacred affection.
Od takrat naprej si nihče ni upal prekiniti te svete naklonjenosti.

The Sound of the Call
Zvok klica

Buck had earned sixteen hundred dollars in five minutes.
Buck je v petih minutah zaslužil tisoč tisoč dolarjev.
The money let John Thornton pay off some of his debts.
Denar je Johnu Thorntonu omogočil, da je odplačal nekaj svojih dolgov.
With the rest of the money he headed East with his partners.
Z ostalim denarjem se je s partnerji odpravil na vzhod.
They sought a fabled lost mine, as old as the country itself.
Iskali so legendarni izgubljeni rudnik, star kot sama država.
Many men had looked for the mine, but few had ever found it.
Mnogi moški so iskali rudnik, a le redki so ga kdaj našli.
More than a few men had vanished during the dangerous quest.
Med nevarnim iskanjem je izginilo več kot nekaj mož.
This lost mine was wrapped in both mystery and old tragedy.
Ta izgubljeni rudnik je bil zavit v skrivnost in staro tragedijo.
No one knew who the first man to find the mine had been.
Nihče ni vedel, kdo je bil prvi, ki je odkril rudnik.
The oldest stories don't mention anyone by name.
Najstarejše zgodbe ne omenjajo nikogar po imenu.
There had always been an ancient ramshackle cabin there.
Tam je vedno stala stara, razpadajoča koča.
Dying men had sworn there was a mine next to that old cabin.
Umirajoči moški so prisegli, da je poleg tiste stare koče rudnik.
They proved their stories with gold like none found elsewhere.
Svoje zgodbe so dokazali z zlatom, kakršnega ni mogoče najti nikjer drugje.
No living soul had ever looted the treasure from that place.
Še nikoli ni živa duša izplenila zaklada s tistega kraja.
The dead were dead, and dead men tell no tales.

Mrtvi so bili mrtvi, mrtveci pa ne pripovedujejo zgodb.

So Thornton and his friends headed into the East.

Tako so se Thornton in njegovi prijatelji odpravili na Vzhod.

Pete and Hans joined, bringing Buck and six strong dogs.

Pete in Hans sta se pridružila in pripeljala Bucka ter šest močnih psov.

They set off down an unknown trail where others had failed.

Odpravili so se po neznani poti, kjer so drugi spodleteli.

They sledded seventy miles up the frozen Yukon River.

S sankami so se peljali sedemdeset milj po zamrznjeni reki Yukon navzgor.

They turned left and followed the trail into the Stewart.

Zavili so levo in sledili poti v reko Stewart.

They passed the Mayo and McQuestion, pressing farther on.

Peljali so se mimo Mayoja in McQuestiona ter nadaljevali pot.

The Stewart shrank into a stream, threading jagged peaks.

Stewart se je skrčil v potok, ki se je vijugal čez nazobčane vrhove.

These sharp peaks marked the very spine of the continent.

Ti ostri vrhovi so označevali hrbtenico celine.

John Thornton demanded little from men or the wild land.

John Thornton je od ljudi ali divjine zahteval malo.

He feared nothing in nature and faced the wild with ease.

V naravi se ni bal ničesar in se je z divjino soočal z lahkoto.

With only salt and a rifle, he could travel where he wished.

Samo s soljo in puško je lahko potoval, kamor je želel.

Like the natives, he hunted food while he journeyed along.

Tako kot domorodci je med potovanjem lovil hrano.

If he caught nothing, he kept going, trusting luck ahead.

Če ni ničesar ujel, je nadaljeval pot in zaupal v srečo.

On this long journey, meat was the main thing they ate.

Na tej dolgi poti je bilo meso glavna stvar, ki so jo jedli.

The sled held tools and ammo, but no strict timetable.

Sani so imele orodje in strelivo, vendar ni bilo strogega urnika.

Buck loved this wandering; the endless hunt and fishing.

Buck je oboževal to potepanje; neskončen lov in ribolov.

For weeks they were traveling day after steady day.
Tedne za tednom so potovali, dan za dnem.
Other times they made camps and stayed still for weeks.
Drugič so si postavili tabore in ostali pri miru več tednov.
The dogs rested while the men dug through frozen dirt.
Psi so počivali, medtem ko so moški kopali po zmrznjeni
zemlji.
They warmed pans over fires and searched for hidden gold.
Greli so ponve na ognju in iskali skrito zlato.
Some days they starved, and some days they had feasts.
Nekatere dni so stradali, druge dni pa so imeli pojedine.
Their meals depended on the game and the luck of the hunt.
Njihovi obroki so bili odvisni od divjadi in sreče pri lovu.
**When summer came, men and dogs packed loads on their
backs.**
Ko je prišlo poletje, so moški in psi naložili tovor na hrbte.
They rafted across blue lakes hidden in mountain forests.
Splavali so po modrih jezerih, skritih v gorskih gozdovih.
They sailed slim boats on rivers no man had ever mapped.
Pluli so z ozkimi čolni po rekah, ki jih še nihče ni preslikal.
Those boats were built from trees they sawed in the wild.
Te čolne so zgradili iz dreves, ki so jih žagali v divjini.

**The months passed, and they twisted through the wild
unknown lands.**
Meseci so minevali in vijugali so se skozi divje neznane dežele.
**There were no men there, yet old traces hinted that men had
been.**
Tam ni bilo moških, vendar so stare sledi namigovale, da so
moški bili.
**If the Lost Cabin was real, then others had once come this
way.**
Če je Izgubljena koča resnična, so nekoč tukaj prišli tudi drugi.
**They crossed high passes in blizzards, even during the
summer.**
Visoke prelaze so prečkali v snežnih metežih, celo poleti.

They shivered under the midnight sun on bare mountain slopes.

Tresli so se pod polnočnim soncem na golih gorskih pobočjih.

Between the treeline and the snowfields, they climbed slowly.

Med gozdno mejo in snežnimi polji so se počasi vzpenjali.

In warm valleys, they swatted at clouds of gnats and flies.

V toplih dolinah so odganjali oblake komarjev in muh.

They picked sweet berries near glaciers in full summer bloom.

V bližini ledenikov, ki so bili v polnem poletnem razcvetu, so nabirali sladke jagode.

The flowers they found were as lovely as those in the Southland.

Rože, ki so jih našli, so bile tako lepe kot tiste v Južni deželi.

That fall they reached a lonely region filled with silent lakes.

Tisto jesen so dosegli samotno območje, polno tihih jezer.

The land was sad and empty, once alive with birds and beasts.

Dežela je bila žalostna in prazna, nekoč polna ptic in zveri.

Now there was no life, just the wind and ice forming in pools.

Zdaj ni bilo življenja, le veter in led, ki se je tvoril v tolmunih.

Waves lapped against empty shores with a soft, mournful sound.

Valovi so z mehkim, žalostnim zvokom pljuskali ob prazne obale.

Another winter came, and they followed faint, old trails again.

Prišla je še ena zima in spet so sledili šibkim, starim potem.

These were the trails of men who had searched long before them.

To so bile poti mož, ki so iskali že dolgo pred njimi.

Once they found a path cut deep into the dark forest.

Nekoč so našli pot, ki je vrezana globoko v temen gozd.

It was an old trail, and they felt the lost cabin was close.
Bila je stara pot in menili so, da je izgubljena koča blizu.
But the trail led nowhere and faded into the thick woods.
Toda pot ni vodila nikamor in se je izgubljala v gostem gozdu.
Whoever made the trail, and why they made it, no one knew.
Kdorkoli je naredil pot in zakaj jo je naredil, nihče ni vedel.
Later, they found the wreck of a lodge hidden among the trees.
Kasneje so med drevesi našli razbitine koče.
Rotting blankets lay scattered where someone once had slept.
Gnijoče odeje so ležale raztresene tam, kjer je nekoč nekdo spal.
John Thornton found a long-barreled flintlock buried inside.
John Thornton je v notranjosti našel zakopano dolgocevno kremenčno puško.
He knew this was a Hudson Bay gun from early trading days.
Vedel je, da je to top iz Hudsonovega zaliva, še iz zgodnjih trgovskih dni.
In those days such guns were traded for stacks of beaver skins.
V tistih časih so takšne puške menjali za kupe bobrovih kož.
That was all—no clue remained of the man who built the lodge.
To je bilo vse – o človeku, ki je zgradil kočo, ni ostalo nobenega namiga.

Spring came again, and they found no sign of the Lost Cabin.
Pomlad je spet prišla in Izgubljene koče niso našli nobenega sledu.
Instead they found a broad valley with a shallow stream.
Namesto tega so našli široko dolino s plitvim potokom.
Gold lay across the pan bottoms like smooth, yellow butter.
Zlato je ležalo na dnu ponve kot gladko, rumeno maslo.

They stopped there and searched no farther for the cabin.

Tam so se ustavili in niso več iskali koče.

Each day they worked and found thousands in gold dust.

Vsak dan so delali in v zlatem prahu našli na tisoče.

They packed the gold in bags of moose-hide, fifty pounds each.

Zlato so pakirali v vreče iz losove kože, vsako po petdeset funtov.

The bags were stacked like firewood outside their small lodge.

Vreče so bile zložene kot drva pred njihovo majhno kočo.

They worked like giants, and the days passed like quick dreams.

Delali so kot velikani in dnevi so minevali kot hitre sanje.

They heaped up treasure as the endless days rolled swiftly by.

Kopičili so zaklad, medtem ko so neskončni dnevi hitro minevali.

There was little for the dogs to do except haul meat now and then.

Psi niso imeli kaj dosti početi, razen da so občasno nosili meso.

Thornton hunted and killed the game, and Buck lay by the fire.

Thornton je lovil in ubijal divjad, Buck pa je ležal ob ognju.

He spent long hours in silence, lost in thought and memory.

Dolge ure je preživel v tišini, izgubljen v mislih in spominih.

The image of the hairy man came more often into Buck's mind.

Podoba kosmatega moža se je Bucku vedno pogosteje porajala v mislih.

Now that work was scarce, Buck dreamed while blinking at the fire.

Zdaj, ko je bilo dela malo, je Buck sanjaril, medtem ko je mežikal proti ognju.

In those dreams, Buck wandered with the man in another world.

V teh sanjah je Buck taval z moškim v drugem svetu.

Fear seemed the strongest feeling in that distant world.
Strah se je zdel najmočnejši občutek v tistem oddaljenem svetu.
Buck saw the hairy man sleep with his head bowed low.
Buck je videl kosmatega moža, kako spi z nizko sklonjeno glavo.
His hands were clasped, and his sleep was restless and broken.
Roke je imel stisnjene, spanec pa nemiren in prekinjen.
He used to wake with a start and stare fearfully into the dark.
Zbudil se je z grozo in prestrašeno strmel v temo.
Then he'd toss more wood onto the fire to keep the flame bright.
Nato je na ogenj naložil še več drv, da je plamen ostal močan.
Sometimes they walked along a beach by a gray, endless sea.
Včasih so se sprehajali po plaži ob sivem, neskončnem morju.
The hairy man picked shellfish and ate them as he walked.
Kosmati mož je med hojo nabiral školjke in jih jedel.
His eyes searched always for hidden dangers in the shadows.
Njegove oči so vedno iskale skrite nevarnosti v sencah.
His legs were always ready to sprint at the first sign of threat.
Njegove noge so bile vedno pripravljene na šprint ob prvem znaku grožnje.
They crept through the forest, silent and wary, side by side.
Prikradla sta se skozi gozd, tiha in previdna, drug ob drugem.
Buck followed at his heels, and both of them stayed alert.
Buck mu je sledil za petami in oba sta ostala pozorna.
Their ears twitched and moved, their noses sniffed the air.
Ušesa so se jim trzala in premikala, nosovi so vohali zrak.
The man could hear and smell the forest as sharply as Buck.
Moški je slišal in vohal gozd prav tako ostro kot Buck.
The hairy man swung through the trees with sudden speed.
Kosmati moški se je z nenadno hitrostjo zanihal med drevesi.
He leapt from branch to branch, never missing his grip.

Skakal je z veje na vejo in se nikoli ne zmotil.
He moved as fast above the ground as he did upon it.
Premikal se je tako hitro nad tlemi kot po njih.
Buck remembered long nights beneath the trees, keeping watch.
Buck se je spominjal dolgih noči pod drevesi, ko je bil na straži.
The man slept roosting in the branches, clinging tight.
Moški je spal skrit med vejami in se jih tesno oklepal.
This vision of the hairy man was tied closely to the deep call.
Ta vizija kosmatega moškega je bila tesno povezana z globokim klicem.
The call still sounded through the forest with haunting force.
Klic je še vedno odmeval skozi gozd z grozljivo močjo.
The call filled Buck with longing and a restless sense of joy.
Klic je Bucka napolnil s hrepenenjem in nemirnim občutkom veselja.
He felt strange urges and stirrings that he could not name.
Čutil je čudne vzgibe in vzgibe, ki jih ni mogel poimenovati.
Sometimes he followed the call deep into the quiet woods.
Včasih je sledil klicu globoko v tihi gozd.
He searched for the calling, barking softly or sharply as he went.
Iskal je klic, med potjo tiho ali ostro lajal.
He sniffed the moss and black soil where the grasses grew.
Povohal je mah in črno zemljo, kjer so rasle trave.
He snorted with delight at the rich smells of the deep earth.
Od veselja je smrkal ob bogatih vonjavah globoke zemlje.
He crouched for hours behind trunks covered in fungus.
Ure in ure se je skrival za debli, prekritimi z glivicami.
He stayed still, listening wide-eyed to every tiny sound.
Ostal je pri miru in z odprtimi očmi prisluhnil vsakemu, še tako majhnemu zvoku.
He may have hoped to surprise the thing that gave the call.
Morda je upal, da bo presenetil tisto stvar, ki je poklicala.

He did not know why he acted this way—he simply did.
Ni vedel, zakaj je tako ravnal – preprosto je vedel.
The urges came from deep within, beyond thought or reason.
Vzgibi so prihajali globoko v sebi, onkraj misli ali razuma.
Irresistible urges took hold of Buck without warning or reason.
Bucka so brez opozorila ali razloga prevzeli neustavljivi nagoni.
At times he was dozing lazily in camp under the midday heat.
Včasih je lenobno dremal v taboru pod opoldansko vročino.
Suddenly, his head lifted and his ears shoot up alert.
Nenadoma je dvignil glavo in ušesa so mu bila napeta.
Then he sprang up and dash into the wild without pause.
Nato je skočil pokonci in brez prestanka stekel v divjino.
He ran for hours through forest paths and open spaces.
Ure in ure je tekel po gozdnih poteh in odprtih prostorih.
He loved to follow dry creek beds and spy on birds in the trees.
Rad je sledil suhim strugam potokov in vohunil za pticami na drevesih.
He could lie hidden all day, watching partridges strut around.
Lahko bi ves dan ležal skrit in opazoval jerebice, ki so se sprehajale naokoli.
They drummed and marched, unaware of Buck's still presence.
Bobnali so in korakali, ne da bi se zavedali Buckove prisotnosti.
But what he loved most was running at twilight in summer.
Najbolj pa je imel rad tek v mraku poleti.
The dim light and sleepy forest sounds filled him with joy.
Pridušena svetloba in zaspani gozdni zvoki so ga napolnili z veseljem.
He read the forest signs as clearly as a man reads a book.
Gozdne znake je bral tako jasno, kot človek bere knjigo.

And he searched always for the strange thing that called him.

In vedno je iskal tisto čudno stvar, ki ga je klicala.

That calling never stopped—it reached him waking or sleeping.

Ta klic ni nikoli prenehal – dosegel ga je buden ali speč.

One night, he woke with a start, eyes sharp and ears high.

Neke noči se je zbudil z ostrim pogledom in napetimi ušesi.

His nostrils twitched as his mane stood bristling in waves.

Nozdrve so se mu trzale, ko se mu je griva naježila v valovih.

From deep in the forest came the sound again, the old call.

Iz globin gozda se je spet zaslišal zvok, stari klic.

This time the sound rang clearly, a long, haunting, familiar howl.

Tokrat je zvok odmeval jasno, dolgo, pretresljivo, znano zavijanje.

It was like a husky's cry, but strange and wild in tone.

Bilo je kot krik haskija, vendar nenavadnega in divjega tona.

Buck knew the sound at once—he had heard the exact sound long ago.

Buck je zvok takoj prepoznal – natanko tak zvok je slišal že zdavnaj.

He leapt through camp and vanished swiftly into the woods.

Skočil je skozi tabor in hitro izginil v gozdu.

As he neared the sound, he slowed and moved with care.

Ko se je bližal zvoku, je upočasnil in se premikal previdno.

Soon he reached a clearing between thick pine trees.

Kmalu je prišel do jase med gostimi borovci.

There, upright on its haunches, sat a tall, lean timber wolf.

Tam, pokonci na zadnjici, je sedel visok, suh gozdni volk.

The wolf's nose pointed skyward, still echoing the call.

Volkov nos je bil usmerjen proti nebu in še vedno je odmeval klic.

Buck had made no sound, yet the wolf stopped and listened.

Buck ni izdal niti glasu, vendar se je volk ustavil in prisluhnil.

Sensing something, the wolf tensed, searching the darkness.

Volk je nekaj začutil, se je napel in preiskal temo.

Buck crept into view, body low, feet quiet on the ground.

Buck se je priplazil na vidiku, s telesom navzdol, z nogami mirno na tleh.

His tail was straight, his body coiled tight with tension.

Njegov rep je bil raven, telo pa tesno zvito od napetosti.

He showed both threat and a kind of rough friendship.

Pokazal je tako grožnjo kot nekakšno grobo prijateljstvo.

It was the wary greeting shared by beasts of the wild.

To je bil previden pozdrav, ki si ga delijo divje zveri.

But the wolf turned and fled as soon as it saw Buck.

Toda volk se je obrnil in zbežal takoj, ko je zagledal Bucka.

Buck gave chase, leaping wildly, eager to overtake it.

Buck se je pognal v lov, divje skakal in ga želel prehiteti.

He followed the wolf into a dry creek blocked by a timber jam.

Sledil je volku v suh potok, ki ga je zamašila lesena zastoja.

Cornered, the wolf spun around and stood its ground.

Volk, stisnjen v kot, se je obrnil in obstal.

The wolf snarled and snapped like a trapped husky dog in a fight.

Volk je renčal in škripal kot ujeti haski v boju.

The wolf's teeth clicked fast, its body bristling with wild fury.

Volkovi zobje so hitro skočili, njegovo telo pa je ščetinasto jezno.

Buck did not attack but circled the wolf with careful friendliness.

Buck ni napadel, ampak je volka previdno in prijazno obkrožil.

He tried to block his escape by slow, harmless movements.

S počasnimi, neškodljivimi gibi je poskušal preprečiti pobeg.

The wolf was wary and scared—Buck outweighed him three times.

Volk je bil previden in prestrašen – Buck ga je trikrat pretehtal.

The wolf's head barely reached up to Buck's massive shoulder.

Volčja glava je komaj segala do Buckove mogočne rame.

Watching for a gap, the wolf bolted and the chase began again.

Volk je iskal vrzel, pobegnil in zasledovanje se je znova začelo.

Several times Buck cornered him, and the dance repeated.

Buck ga je večkrat stisnil v kot in ples se je ponovil.

The wolf was thin and weak, or Buck could not have caught him.

Volk je bil suh in šibek, sicer ga Buck ne bi mogel ujeti.

Each time Buck drew near, the wolf spun and faced him in fear.

Vsakič, ko se je Buck približal, se je volk obrnil in se mu v strahu postavil v oči.

Then at the first chance, he dashed off into the woods once more.

Nato je ob prvi priložnosti spet stekel v gozd.

But Buck did not give up, and finally the wolf came to trust him.

Toda Buck se ni vdal in volk mu je končno začel zaupati.

He sniffed Buck's nose, and the two grew playful and alert.

Povohal je Buckov nos in oba sta postala igriva in pozorna.

They played like wild animals, fierce yet shy in their joy.

Igrali so se kot divje živali, divji, a hkrati sramežljivi v svojem veselju.

After a while, the wolf trotted off with calm purpose.

Čez nekaj časa je volk mirno in odločno odkorakal stran.

He clearly showed Buck that he meant to be followed.

Bucku je jasno pokazal, da mu namerava slediti.

They ran side by side through the twilight gloom.

Tekla sta drug ob drugem skozi mrak.

They followed the creek bed up into the rocky gorge.

Sledili so strugi potoka navzgor v skalnato sotesko.

They crossed a cold divide where the stream had begun.

Prečkala sta hladno pregrado, kjer se je potok začel.

On the far slope they found wide forest and many streams.

Na skrajnem pobočju so našli širok gozd in veliko potokov.

Through this vast land, they ran for hours without stopping.

Skozi to prostrano deželo so ure in ure tekli brez postanka.

The sun rose higher, the air grew warm, but they ran on.

Sonce se je dvignilo višje, zrak se je ogrel, a so tekli naprej.

Buck was filled with joy—he knew he was answering his calling.

Bucka je preplavilo veselje – vedel je, da odgovarja na svoj klic.

He ran beside his forest brother, closer to the call's source.

Tekel je poleg svojega gozdnega brata, bližje viru klica.

Old feelings returned, powerful and hard to ignore.

Stari občutki so se vrnili, močni in težko jih je bilo prezreti.

These were the truths behind the memories from his dreams.

To so bile resnice, ki so se skrivale za spomini iz njegovih sanj.

He had done all this before in a distant and shadowy world.

Vse to je že počel v oddaljenem in senčnem svetu.

Now he did this again, running wild with the open sky above.

Zdaj je to storil spet, divje je tekel pod odprtim nebom nad seboj.

They stopped at a stream to drink from the cold flowing water.

Ustavili so se ob potoku, da bi se napili hladne tekoče vode.

As he drank, Buck suddenly remembered John Thornton.

Medtem ko je pil, se je Buck nenadoma spomnil Johna Thorntona.

He sat down in silence, torn by the pull of loyalty and the calling.

Tiho je sedel, razdiran od privlačnosti zvestobe in poklica.

The wolf trotted on, but came back to urge Buck forward.

Volk je tekel naprej, a se je vrnil, da bi spodbudil Bucka naprej.

He sniffed his nose and tried to coax him with soft gestures.

Povohal je nos in ga poskušal prepričati z nežnimi kretnjami.

But Buck turned around and started back the way he came.

Toda Buck se je obrnil in se odpravil nazaj po isti poti, kot je prišel.

The wolf ran beside him for a long time, whining quietly.

Volk je dolgo tekel ob njem in tiho cvilil.

Then he sat down, raised his nose, and let out a long howl.

Nato se je usedel, dvignil nos in dolgo zavpil.

It was a mournful cry, softening as Buck walked away.

Bil je žalosten krik, ki se je omehčal, ko je Buck odhajal.

Buck listened as the sound of the cry faded slowly into the forest silence.

Buck je poslušal, kako je zvok krika počasi izginjal v gozdni tišini.

John Thornton was eating dinner when Buck burst into the camp.

John Thornton je večerjal, ko je Buck vdrl v tabor.

Buck leapt upon him wildly, licking, biting, and tumbling him.

Buck je divje skočil nanj, ga lizajoč, grizejoč in prevračajoč.

He knocked him over, scrambled on top, and kissed his face.

Zvrnil ga je, splezal nanj in ga poljubil na obraz.

Thornton called this "playing the general tom-fool" with affection.

Thornton je to z naklonjenostjo poimenoval »igranje splošnega norca«.

All the while, he cursed Buck gently and shook him back and forth.

Ves čas je nežno preklinjal Bucka in ga stresal sem ter tja.

For two whole days and nights, Buck never left the camp once.

Dva cela dneva in noči Buck ni niti enkrat zapustil tabora.

He kept close to Thornton and never let him out of his sight.

Ostal je blizu Thorntona in ga ni nikoli spustil izpred oči.

He followed him as he worked and watched him while he ate.

Sledil mu je med delom in ga opazoval med jedjo.

He saw Thornton into his blankets at night and out each morning.

Thorntona je ponoči spremljal v odejah in vsako jutro zunaj.

But soon the forest call returned, louder than ever before.

Toda kmalu se je gozdni klic vrnil, glasnejši kot kdaj koli prej.

Buck grew restless again, stirred by thoughts of the wild wolf.

Buck je spet postal nemiren, prebuden od misli na divjega volka.

He remembered the open land and running side by side.

Spomnil se je odprte pokrajine in teka drug ob drugem.

He began wandering into the forest once more, alone and alert.

Spet se je začel sprehajati po gozdu, sam in buden.

But the wild brother did not return, and the howl was not heard.

Toda divji brat se ni vrnil in zavijanja ni bilo slišati.

Buck started sleeping outside, staying away for days at a time.

Buck je začel spati zunaj in se je več dni izogibal.

Once he crossed the high divide where the creek had begun.

Nekoč je prečkal visok razvod, kjer se je začel potok.

He entered the land of dark timber and wide flowing streams.

Vstopil je v deželo temnega gozda in široko tekočih potokov.

For a week he roamed, searching for signs of the wild brother.

Teden dni je taval in iskal znake divjega brata.

He killed his own meat and travelled with long, tireless strides.

Ubil je svoje meso in potoval z dolgimi, neutrudnimi koraki.

He fished for salmon in a wide river that reached the sea.

Lososa je lovil v široki reki, ki je segala v morje.

There, he fought and killed a black bear maddened by bugs.

Tam se je boril in ubil črnega medveda, ki ga je razjezila žuželka.

The bear had been fishing and ran blindly through the trees.

Medved je lovil ribe in je slepo tekel med drevesi.

The battle was a fierce one, waking Buck's deep fighting spirit up.

Bitka je bila huda in je prebudila Buckov globok borbeni duh.

Two days later, Buck returned to find wolverines at his kill.

Dva dni kasneje se je Buck vrnil in pri svojem plenu našel volkodlake.

A dozen of them quarreled over the meat in noisy fury.

Ducat se jih je v glasni besu prepiralo zaradi mesa.

Buck charged and scattered them like leaves in the wind.

Buck je planil in jih raztresel kot listje v vetru.

Two wolves remained behind—silent, lifeless, and unmoving forever.

Dva volka sta ostala zadaj – tiha, brez življenja in za vedno negibna.

The thirst for blood grew stronger than ever.

Žeja po krvi je bila močnejša kot kdaj koli prej.

Buck was a hunter, a killer, feeding off living creatures.

Buck je bil lovec, morilec, ki se je hranil z živimi bitji.

He survived alone, relying on his strength and sharp senses.

Preživel je sam, zanašal se je na svojo moč in ostre čute.

He thrived in the wild, where only the toughest could live.

Uspeval je v divjini, kjer so lahko živeli le najtrdoživejši.

From this, a great pride rose up and filled Buck's whole being.

Iz tega se je dvignil velik ponos in napolnil celotno Buckovo bitje.

His pride showed in his every step, in the ripple of every muscle.

Njegov ponos se je kazal v vsakem koraku, v valovanju vsake mišice.

His pride was as clear as speech, seen in how he carried himself.

Njegov ponos je bil jasen kot beseda, kar se je videlo v tem, kako se je obnašal.

Even his thick coat looked more majestic and gleamed brighter.

Celo njegov debel kožuh je bil videti bolj veličasten in se je svetleje lesketal.

Buck could have been mistaken for a giant timber wolf.

Bucka bi lahko zamenjali za velikanskega gozdnega volka.

Except for brown on his muzzle and spots above his eyes.

Razen rjave barve na gobcu in lis nad očmi.

And the white streak of fur that ran down the middle of his chest.

In bela dlaka, ki se je raztezala po sredini njegovih prsi.

He was even larger than the biggest wolf of that fierce breed.

Bil je celo večji od največjega volka te divje pasme.

His father, a St. Bernard, gave him size and heavy frame.

Njegov oče, bernard, mu je dal velikost in težko postavo.

His mother, a shepherd, shaped that bulk into wolf-like form.

Njegova mati, pastirica, je to maso oblikovala v volčjo obliko.

He had the long muzzle of a wolf, though heavier and broader.

Imel je dolg volčji gobec, čeprav težji in širši.

His head was a wolf's, but built on a massive, majestic scale.

Njegova glava je bila volčja, vendar masivna, veličastna.

Buck's cunning was the cunning of the wolf and of the wild.

Buckova zvitost je bila zvitost volka in divjine.

His intelligence came from both the German Shepherd and St. Bernard.

Njegova inteligenca je izvirala tako od nemškega ovčarja kot od bernardinca.

All this, plus harsh experience, made him a fearsome creature.

Vse to, skupaj s težkimi izkušnjami, ga je naredilo za strašljivo bitje.

He was as formidable as any beast that roamed the northern wild.

Bil je tako mogočen kot katera koli zver, ki je tavala po severni divjini.

Living only on meat, Buck reached the full peak of his strength.

Živel je samo od mesa in dosegel vrhunec svoje moči.

He overflowed with power and male force in every fiber of him.

V vsakem vlaknu je prekipeval od moči in moške sile.

When Thornton stroked his back, the hairs sparked with energy.

Ko ga je Thornton pogladil po hrbtu, so se mu dlake zaiskrile od energije.

Each hair crackled, charged with the touch of living magnetism.

Vsak las je prasketal, nabit z dotikom živega magnetizma.

His body and brain were tuned to the finest possible pitch.

Njegovo telo in možgani so bili uglašeni na najfinejši možen ton.

Every nerve, fiber, and muscle worked in perfect harmony.

Vsak živec, vlakno in mišica je delovala v popolni harmoniji.

To any sound or sight needing action, he responded instantly.

Na vsak zvok ali prizor, ki je zahteval ukrepanje, se je odzval takoj.

If a husky leaped to attack, Buck could leap twice as fast.

Če bi haski skočil v napad, bi Buck lahko skočil dvakrat hitreje.

He reacted quicker than others could even see or hear.

Odzval se je hitreje, kot so ga drugi sploh lahko videli ali slišali.

Perception, decision, and action all came in one fluid moment.

Zaznavanje, odločitev in dejanje so se zgodili v enem samem tekočem trenutku.

In truth, these acts were separate, but too fast to notice.

V resnici so bila ta dejanja ločena, vendar prehitra, da bi jih opazili.

So brief were the gaps between these acts, they seemed as one.

Presledki med temi dejanji so bili tako kratki, da so se zdeli kot eno.

His muscles and being was like tightly coiled springs.

Njegove mišice in bitje so bili kot tesno napete vzmeti.

His body surged with life, wild and joyful in its power.

Njegovo telo je kipelo od življenja, divje in radostno v svoji moči.

At times he felt like the force was going to burst out of him entirely.

Včasih se mu je zdelo, kot da ga bo ta sila povsem izpustila.

"Never was there such a dog," Thornton said one quiet day.

»Nikoli ni bilo takega psa,« je nekega mirnega dne rekel Thornton.

The partners watched Buck striding proudly from the camp.

Partnerja sta opazovala Bucka, ki je ponosno korakal iz tabora.

"When he was made, he changed what a dog can be," said Pete.

"Ko je bil ustvarjen, je spremenil, kaj pes lahko je," je dejal Pete.

"By Jesus! I think so myself," Hans quickly agreed.

„Pri Jezusu! Tudi jaz tako mislim,“ se je Hans hitro strinjal.

They saw him march off, but not the change that came after.

Videli so ga oditi, ne pa tudi spremembe, ki je prišla zatem.

As soon as he entered the woods, Buck transformed completely.

Takoj ko je vstopil v gozd, se je Buck popolnoma preobrazil.

He no longer marched, but moved like a wild ghost among trees.

Ni več korakal, ampak se je premikal kot divji duh med drevesi.

He became silent, cat-footed, a flicker passing through shadows.

Postal je tih, mačje noge so se premikale, kot blisk, ki je švignil skozi sence.

He used cover with skill, crawling on his belly like a snake.

Spretno se je skrival in se plazil po trebuhu kot kača.

And like a snake, he could leap forward and strike in silence.

In kot kača je lahko skočil naprej in udaril v tišini.

He could steal a ptarmigan straight from its hidden nest.

Lahko bi ukradel belorepo naravnost iz njenega skritega gnezda.

He killed sleeping rabbits without a single sound.
Speče zajce je ubil brez enega samega glasu.
He could catch chipmunks midair as they fled too slowly.
Veverice je lahko ujel v zraku, saj so bežale prepočasi.
Even fish in pools could not escape his sudden strikes.
Celo ribe v tolmunih se niso mogle izogniti njegovim
nenadnim napadom.
Not even clever beavers fixing dams were safe from him.
Niti pametni bobri, ki so popravljali jezove, niso bili varni
pred njim.
He killed for food, not for fun—but liked his own kills best.
Ubijal je za hrano, ne za zabavo – a najraje je ubijal sam.
Still, a sly humor ran through some of his silent hunts.
Vseeno pa je skozi nekatere njegove tihe love prežemal pridih
pretkanega humorja.
He crept up close to squirrels, only to let them escape.
Priplazil se je blizu veveric, le da bi jih pustil pobegniti.
**They were going to flee to the trees, chattering in fearful
outrage.**
Zbežali so med drevesa in se prestrašeno in besno klepetali.
As fall came, moose began to appear in greater numbers.
Z nastopom jeseni so se losi začeli pojavljati v večjem številu.
They moved slowly into the low valleys to meet the winter.
Počasi so se premikali v nizke doline, da bi pričakali zimo.
Buck had already brought down one young, stray calf.
Buck je že uplenil enega mladega, potepuškega teliča.
But he longed to face larger, more dangerous prey.
Vendar si je hrepenel po soočenju z večjim, nevarnejšim
plenom.
**One day on the divide, at the creek's head, he found his
chance.**
Nekega dne na razvodju, na izviru potoka, je našel svojo
priložnost.
A herd of twenty moose had crossed from forested lands.
Čreda dvajsetih losov je prečkala gozdnate predele.
Among them was a mighty bull; the leader of the group.
Med njimi je bil mogočen bik; vodja skupine.

The bull stood over six feet tall and looked fierce and wild.

Bik je bil visok več kot šest metrov in je bil videti divji in divji.

He tossed his wide antlers, fourteen points branching outward.

Vrgel je svoje široke rogove, ki so se razvejali navzven s štirinajstimi konicami.

The tips of those antlers stretched seven feet across.

Konice teh rogov so se raztezale dva metra v širino.

His small eyes burned with rage as he spotted Buck nearby.

Njegove majhne oči so gorele od besa, ko je v bližini opazil Bucka.

He let out a furious roar, trembling with fury and pain.

Izpustil je besen rjoveč glas, trepetajoč od besa in bolečine.

An arrow-end stuck out near his flank, feathered and sharp.

Blizu njegovega boka je štrlela konica puščice, pernata in ostra.

This wound helped explain his savage, bitter mood.

Ta rana je pomagala razložiti njegovo divje, zagrenjeno razpoloženje.

Buck, guided by ancient hunting instinct, made his move.

Buck, voden od starodavnega lovskega nagona, je naredil svojo potezo.

He aimed to separate the bull from the rest of the herd.

Njegov cilj je bil ločiti bika od preostale črede.

This was no easy task—it took speed and fierce cunning.

To ni bila lahka naloga – zahtevala je hitrost in izjemno zvitost.

He barked and danced near the bull, just out of range.

Lajal je in plesal blizu bika, tik izven dosega.

The moose lunged with huge hooves and deadly antlers.

Los se je pognal z ogromnimi kopiti in smrtonosnimi rogovji.

One blow could have ended Buck's life in a heartbeat.

En sam udarec bi lahko Buckovo življenje končal v trenutku.

Unable to leave the threat behind, the bull grew mad.

Bik se ni mogel znebiti grožnje in je postal besen.

He charged in fury, but Buck always slipped away.

V besu je planil, a Buck se je vedno izmuznil.

Buck faked weakness, luring him farther from the herd.

Buck se je pretvarjal, da je slab, in ga zvabil dlje od črede.

But young bulls were going to charge back to protect the leader.

Toda mladi biki so se nameravali vrniti v napad, da bi zaščitili vodjo.

They forced Buck to retreat and the bull to rejoin the group.

Prisilili so Bucka, da se umakne, bika pa, da se ponovno pridruži skupini.

There is a patience in the wild, deep and unstoppable.

V divjini obstaja potrpežljivost, globoka in neustavljiva.

A spider waits motionless in its web for countless hours.

Pajek negibno čaka v svoji mreži nešteto ur.

A snake coils without twitching, and waits till it is time.

Kača se zvije brez trzanja in čaka, da pride čas.

A panther lies in ambush, until the moment arrives.

Panter preži v zasedi, dokler ne pride pravi trenutek.

This is the patience of predators who hunt to survive.

To je potrpežljivost plenilcev, ki lovijo, da bi preživeli.

That same patience burned inside Buck as he stayed close.

Ista potrpežljivost je gorela v Bucku, ko je ostal blizu.

He stayed near the herd, slowing its march and stirring fear.

Ostal je blizu črede, upočasnjeval njen korak in vzbujal strah.

He teased the young bulls and harassed the mother cows.

Dražil je mlade bike in nadlegoval krave matere.

He drove the wounded bull into a deeper, helpless rage.

Ranjenega bika je spravil v še globljo, nemočno jezo.

For half a day, the fight dragged on with no rest at all.

Pol dneva se je boj vlekel brez počitka.

Buck attacked from every angle, fast and fierce as wind.

Buck je napadel z vseh strani, hiter in divji kot veter.

He kept the bull from resting or hiding with its herd.

Preprečeval je biku, da bi se počival ali skrival s svojo čredo.

Buck wore down the moose's will faster than its body.

Buck je losovo voljo izčrpal hitreje kot njegovo telo.

The day passed and the sun sank low in the northwest sky.

Dan je minil in sonce je nizko zašlo na severozahodnem nebu.

The young bulls returned more slowly to help their leader.

Mladi biki so se počasneje vračali, da bi pomagali svojemu vodji.

Fall nights had returned, and darkness now lasted six hours.

Jesenske noči so se vrnile in tema je zdaj trajala šest ur.

Winter was pressing them downhill into safer, warmer valleys.

Zima jih je gnala navzdol v varnejše, toplejše doline.

But still they couldn't escape the hunter that held them back.

Vendar še vedno niso mogli pobegniti lovcu, ki jih je zadrževal.

Only one life was at stake—not the herd's, just their leader's.

Na kocki je bilo samo eno življenje – ne življenje črede, ampak le življenje njihovega vodje.

That made the threat distant and not their urgent concern.

Zaradi tega je bila grožnja oddaljena in ni bila njihova nujna skrb.

In time, they accepted this cost and let Buck take the old bull.

Sčasoma so sprejeli to ceno in pustili Bucku, da vzame starega bika.

As twilight settled in, the old bull stood with his head down.

Ko se je spustil mrak, je stari bik stal s sklonjeno glavo.

He watched the herd he had led vanish into the fading light.

Gledal je, kako čreda, ki jo je vodil, izginja v bledeči svetlobi.

There were cows he had known, calves he had once fathered.

Bile so krave, ki jih je poznal, teleta, katerih oče je bil nekoč.

There were younger bulls he had fought and ruled in past seasons.

V preteklih sezonah se je boril in vladal z mlajšimi biki.

He could not follow them—for before him crouched Buck again.

Ni jim mogel slediti – pred njim se je spet sklanjal Buck.

The merciless fanged terror blocked every path he might take.

Neusmiljena groza z zobmi mu je blokirala vsako pot, ki bi jo lahko ubral.

The bull weighed more than three hundredweight of dense power.
Bik je tehtal več kot tristo kilogramov goste moči.
He had lived long and fought hard in a world of struggle.
Živel je dolgo in se trdo boril v svetu bojev.
Yet now, at the end, death came from a beast far beneath him.
Pa vendar je zdaj, na koncu, smrt prišla od zveri, ki je bila daleč pod njim.
Buck's head did not even rise to the bull's huge knuckled knees.
Buckova glava se ni dvignila niti do bikovih ogromnih, s členki prekrižanih kolen.
From that moment on, Buck stayed with the bull night and day.
Od tistega trenutka naprej je Buck ostal z bikom noč in dan.
He never gave him rest, never allowed him to graze or drink.
Nikoli mu ni dal počitka, nikoli mu ni dovolil pasti ali piti.
The bull tried to eat young birch shoots and willow leaves.
Bik je poskušal jesti mlade brezove poganjke in vrbove liste.
But Buck drove him off, always alert and always attacking.
Toda Buck ga je odgnal, vedno pozoren in vedno napadajoč.
Even at trickling streams, Buck blocked every thirsty attempt.
Tudi ob tekočih potokih je Buck blokiral vsak žejni poskus.
Sometimes, in desperation, the bull fled at full speed.
Včasih je bik v obupu zbežal s polno hitrostjo.
Buck let him run, loping calmly just behind, never far away.
Buck ga je pustil teči, mirno je tekel tik za njim, nikoli preveč daleč.
When the moose paused, Buck lay down, but stayed ready.
Ko se je los ustavil, se je Buck ulegel, a ostal pripravljen.
If the bull tried to eat or drink, Buck struck with full fury.
Če je bik poskušal jesti ali piti, je Buck udaril z vso jezo.
The bull's great head sagged lower under its vast antlers.
Bikova velika glava se je pod ogromnimi rogovi povesila še nižje.

His pace slowed, the trot became a heavy; a stumbling walk.

Njegov tempo se je upočasnil, kas je postal težak; spotikajoča se hoja.

He often stood still with drooped ears and nose to the ground.

Pogosto je stal pri miru s povešenimi ušesi in smrčkom do tal.

During those moments, Buck took time to drink and rest.

V teh trenutkih si je Buck vzel čas za pijačo in počitek.

Tongue out, eyes fixed, Buck sensed the land was changing.

Z iztegnjenim jezikom in uprtim pogledom je Buck čutil, da se dežela spreminja.

He felt something new moving through the forest and sky.

Čutil je nekaj novega, kako se premika skozi gozd in nebo.

As moose returned, so did other creatures of the wild.

Ko so se vrnili losi, so se vrnila tudi druga divja bitja.

The land felt alive with presence, unseen but strongly known.

Dežela je bila živa od prisotnosti, nevidna, a močno znana.

It was not by sound, sight, nor by scent that Buck knew this.

Buck tega ni vedel ne po zvoku, ne po vidu, ne po vonju.

A deeper sense told him that new forces were on the move.

Globlji čut mu je govoril, da se premikajo nove sile.

Strange life stirred through the woods and along the streams.

Čudno življenje se je prebijalo po gozdovih in ob potokih.

He resolved to explore this spirit, after the hunt was complete.

Odločil se je, da bo po končanem lovu raziskal tega duha.

On the fourth day, Buck brought down the moose at last.

Četrti dan je Buck končno ujel losa.

He stayed by the kill for a full day and night, feeding and resting.

Cel dan in noč je ostal ob plenu, se hranil in počival.

He ate, then slept, then ate again, until he was strong and full.

Jedel je, nato spal, nato spet jedel, dokler ni bil močan in sit.

When he was ready, he turned back toward camp and Thornton.
Ko je bil pripravljen, se je obrnil nazaj proti taboru in Thorntonu.

With steady pace, he began the long return journey home.
Z enakomernim tempom se je podal na dolgo pot domov.

He ran in his tireless lope, hour after hour, never once straying.
Tekel je v svojem neutrudnem skakanju, uro za uro, nikoli ne skrenil z poti.

Through unknown lands, he moved straight as a compass needle.
Skozi neznane dežele se je gibal naravnost kot igla kompasa.

His sense of direction made man and map seem weak by comparison.
Njegov občutek za orientacijo je v primerjavi z njim delal človeka in zemljevid šibka.

As Buck ran, he felt more strongly the stir in the wild land.
Ko je Buck tekel, je močneje čutil gibanje v divjini.

It was a new kind of life, unlike that of the calm summer months.
Bilo je novo življenje, drugačno od tistega v mirnih poletnih mesecih.

This feeling no longer came as a subtle or distant message.
Ta občutek ni več prihajal kot subtilno ali oddaljeno sporočilo.

Now the birds spoke of this life, and squirrels chattered about it.
Zdaj so ptice govorile o tem življenju, veverice pa so klepetale o njem.

Even the breeze whispered warnings through the silent trees.
Celo vetrič je šepetal opozorila skozi tiha drevesa.

Several times he stopped and sniffed the fresh morning air.
Nekajkrat se je ustavil in povohal svež jutranji zrak.

He read a message there that made him leap forward faster.
Tam je prebral sporočilo, zaradi katerega je hitreje skočil naprej.

A heavy sense of danger filled him, as if something had gone wrong.
Preplavil ga je močan občutek nevarnosti, kot da bi šlo nekaj narobe.
He feared calamity was coming—or had already come.
Bal se je, da prihaja nesreča – ali pa je že prišla.
He crossed the last ridge and entered the valley below.
Prečkal je zadnji greben in vstopil v dolino spodaj.
He moved more slowly, alert and cautious with every step.
Premikal se je počasneje, pozoren in previden z vsakim korakom.
Three miles out he found a fresh trail that made him stiffen.
Tri milje stran je našel svežo sled, ki ga je otrdela.
The hair along his neck rippled and bristled in alarm.
Dlake vzdolž njegovega vratu so se naježile in nakostrile od prestrašenosti.
The trail led straight toward the camp where Thornton waited.
Pot je vodila naravnost proti taboru, kjer je čakal Thornton.
Buck moved faster now, his stride both silent and swift.
Buck se je zdaj premikal hitreje, njegov korak je bil hkrati tih in hiter.
His nerves tightened as he read signs others were going to miss.
Živci so se mu napeli, ko je prebral znake, ki jih bodo drugi spregledali.
Each detail in the trail told a story—except the final piece.
Vsaka podrobnost na poti je pripovedovala zgodbo – razen zadnjega dela.
His nose told him about the life that had passed this way.
Njegov nos mu je pripovedoval o življenju, ki je minilo to pot.
The scent gave him a changing picture as he followed close behind.
Vonj mu je dal spreminjajočo se sliko, ko mu je sledil tesno za hrbtom.
But the forest itself had gone quiet; unnaturally still.
Toda gozd sam je utihnil; nenaravno miren.

Birds had vanished, squirrels were hidden, silent and still.
Ptice so izginile, veverice so bile skrite, tihe in mirne.
He saw only one gray squirrel, flat on a dead tree.
Videl je samo eno sivo veverico, ki je ležala na mrtvem drevesu.
The squirrel blended in, stiff and motionless like a part of the forest.
Veverica se je zlila z nami, toga in negibna kot del gozda.
Buck moved like a shadow, silent and sure through the trees.
Buck se je premikal kot senca, tiho in samozavestno skozi drevesa.
His nose jerked sideways as if pulled by an unseen hand.
Njegov nos se je sunkovito nagnil vstran, kot bi ga potegnila nevidna roka.
He turned and followed the new scent deep into a thicket.
Obrnil se je in sledil novemu vonju globoko v goščavo.
There he found Nig, lying dead, pierced through by an arrow.
Tam je našel Niga, ki je ležal mrtev, preboden s puščico.
The shaft passed clear through his body, feathers still showing.
Strela je prešla skozi njegovo telo, perje je bilo še vedno vidno.
Nig had dragged himself there, but died before reaching help.
Nig se je tja privlekel, a je umrl, preden je prišel na pomoč.
A hundred yards farther on, Buck found another sled dog.
Sto metrov naprej je Buck našel še enega vlečnega psa.
It was a dog that Thornton had bought back in Dawson City.
Bil je pes, ki ga je Thornton kupil v Dawson Cityju.
The dog was in a death struggle, thrashing hard on the trail.
Pes se je boril na smrt in se močno prebijal po poti.
Buck passed around him, not stopping, eyes fixed ahead.
Buck je šel okoli njega, se ni ustavil, z očmi, uprtimi predse.
From the direction of the camp came a distant, rhythmic chant.
Iz smeri tabora se je slišalo oddaljeno, ritmično petje.
Voices rose and fell in a strange, eerie, sing-song tone.

Glasovi so se dvigovali in spuščali v nenavadnem, srhljivem, pojočem tonu.

Buck crawled forward to the edge of the clearing in silence.

Buck se je molče plazil naprej do roba jase.

There he saw Hans lying face-down, pierced with many arrows.

Tam je zagledal Hansa, ki je ležal z obrazom navzdol, preboden s številnimi puščicami.

His body looked like a porcupine, bristling with feathered shafts.

Njegovo telo je bilo videti kot ježevec, poln pernatih dlak.

At the same moment, Buck looked toward the ruined lodge.

V istem trenutku je Buck pogledal proti porušeni koči.

The sight made the hair rise stiff on his neck and shoulders.

Ob pogledu se mu je naježil las na vratu in ramenih.

A storm of wild rage swept through Buck's whole body.

Bucka je preplavil izbruh divje jeze.

He growled aloud, though he did not know that he had.

Glasno je zarenčal, čeprav tega ni vedel.

The sound was raw, filled with terrifying, savage fury.

Zvok je bil surov, poln grozljive, divje jeze.

For the last time in his life, Buck lost reason to emotion.

Buck je zadnjič v življenju izgubil razum za čustva.

It was love for John Thornton that broke his careful control.

Ljubezen do Johna Thorntona je bila tista, ki je zlomila njegov skrbni nadzor.

The Yeehats were dancing around the wrecked spruce lodge.

Yeehati so plesali okoli porušene smrekove koče.

Then came a roar—and an unknown beast charged toward them.

Nato se je zaslišalo rjovenje – in neznana zver se je pognala proti njim.

It was Buck; a fury in motion; a living storm of vengeance.

Bil je Buck; bes v gibanju; živa nevihta maščevanja.

He flung himself into their midst, mad with the need to kill.

Vrgel se je mednje, nor od potrebe po ubijanju.

He leapt at the first man, the Yeehat chief, and struck true.

Skočil je na prvega moža, poglavarja Yeehatov, in udaril naravnost v polno.

His throat was ripped open, and blood spouted in a stream.

Grlo mu je bilo raztrgano in kri je brizgala v curku.

Buck did not stop, but tore the next man's throat with one leap.

Buck se ni ustavil, ampak je z enim skokom pretrgal grlo naslednjemu moškemu.

He was unstoppable—ripping, slashing, never pausing to rest.

Bil je neustavljiv – trgal je, sekal in se nikoli ni ustavil, da bi počival.

He darted and sprang so fast their arrows could not touch him.

Tako hitro je skočil in poskočil, da ga njihove puščice niso mogle doseči.

The Yeehats were caught in their own panic and confusion.

Yeehate je ujela lastna panika in zmeda.

Their arrows missed Buck and struck one another instead.

Njune puščice so zgrešile Bucka in namesto tega zadele druga drugo.

One youth threw a spear at Buck and hit another man.

Neki mladenič je vrgel sulico v Bucka in zadel drugega moškega.

The spear drove through his chest, the point punching out his back.

Sulica mu je zadela prsi, konica pa mu je prebila hrbet.

Terror swept over the Yeehats, and they broke into full retreat.

Yeehate je preplavil groza in so se začeli popolnoma umikati.

They screamed of the Evil Spirit and fled into the forest shadows.

Zakričali so zaradi zlega duha in zbežali v gozdne sence.

Truly, Buck was like a demon as he chased the Yeehats down.

Resnično, Buck je bil kot demon, ko je preganjal Yeehatse.

He tore after them through the forest, bringing them down like deer.

Drvel je za njimi skozi gozd in jih podiral na tla kakor jelene.

It became a day of fate and terror for the frightened Yeehats.

Za prestrašene Yeehate je postal dan usode in groze.

They scattered across the land, fleeing far in every direction.

Razkropili so se po deželi in bežali daleč na vse strani.

A full week passed before the last survivors met in a valley.

Minil je cel teden, preden so se zadnji preživeli srečali v dolini.

Only then did they count their losses and speak of what happened.

Šele nato so prešteli svoje izgube in spregovorili o tem, kaj se je zgodilo.

Buck, after tiring of the chase, returned to the ruined camp.

Buck se je, potem ko se je naveličal zasledovanja, vrnil v porušen tabor.

He found Pete, still in his blankets, killed in the first attack.

Peta je našel ubitega v prvem napadu, še vedno v odejah.

Signs of Thornton's last struggle were marked in the dirt nearby.

Sledi Thorntonovega zadnjega boja so bili vidni v bližnji umazaniji.

Buck followed every trace, sniffing each mark to a final point.

Buck je sledil vsaki sledi in jo vohal do končne točke.

At the edge of a deep pool, he found faithful Skeet, lying still.

Na robu globokega tolmuna je našel zvestega Skeeta, ki je mirno ležal.

Skeet's head and front paws were in the water, unmoving in death.

Skeetova glava in sprednje šape so bile v vodi, negibne kot smrt.

The pool was muddy and tainted with runoff from the sluice boxes.

Bazen je bil blaten in onesnažen z odtokom iz zapornic.

Its cloudy surface hid what lay beneath, but Buck knew the truth.

Njegova oblačna površina je skrivala, kar je ležalo spodaj, toda Buck je poznal resnico.

He tracked Thornton's scent into the pool—but the scent led nowhere else.

Sledil je Thorntonovemu vonju v bazen – toda vonj ga ni vodil nikamor drugam.

There was no scent leading out—only the silence of deep water.

Noben vonj ni vodil ven – le tišina globoke vode.

All day Buck stayed near the pool, pacing the camp in grief.

Ves dan je Buck ostal blizu tolmuna in žalosten hodil po taboru.

He wandered restlessly or sat in stillness, lost in heavy thought.

Nemirno je taval ali pa je sedel v tišini, zatopljen v težke misli.

He knew death; the ending of life; the vanishing of all motion.

Poznal je smrt; konec življenja; izginotje vsega gibanja.

He understood that John Thornton was gone, never to return.

Razumel je, da je John Thornton odšel in se ne bo nikoli vrnil.

The loss left an empty space in him that throbbed like hunger.

Izguba je v njem pustila prazen prostor, ki je utripal kot lakota.

But this was a hunger food could not ease, no matter how much he ate.

Ampak to je bila lakota, ki je hrana ni mogla potešiti, ne glede na to, koliko jo je pojedel.

At times, as he looked at the dead Yeehats, the pain faded.

Včasih je bolečina popustila, ko je pogledal mrtve Yeehate.

And then a strange pride rose inside him, fierce and complete.

In potem se je v njem dvignil čuden ponos, silovit in popoln.

He had killed man, the highest and most dangerous game of all.
Ubil je človeka, kar je bila najvišja in najnevarnejša igra od vseh.
He had killed in defiance of the ancient law of club and fang.
Ubijal je v nasprotju s starodavnim zakonom palice in zob.
Buck sniffed their lifeless bodies, curious and thoughtful.
Buck je radoveden in zamišljen ovohal njihova neživega telesa.
They had died so easily—much easier than a husky in a fight.
Tako zlahka so umrli – veliko lažje kot haski v boju.
Without their weapons, they had no true strength or threat.
Brez orožja niso imeli ne prave moči ne grožnje.
Buck was never going to fear them again, unless they were armed.
Buck se jih ne bo nikoli več bal, razen če bodo oboroženi.
Only when they carried clubs, spears, or arrows he'd beware.
Le če so nosili kije, sulice ali puščice, je bil previden.

Night fell, and a full moon rose high above the tops of the trees.
Padla je noč in polna luna se je dvignila visoko nad vrhovi dreves.
The moon's pale light bathed the land in a soft, ghostly glow like day.
Bleda lunina svetloba je obsijala zemljo z mehkim, duhovitim sijem, podobnim dnevu.
As the night deepened, Buck still mourned by the silent pool.
Ko se je noč zgostila, je Buck še vedno žaloval ob tihem tolmunu.
Then he became aware of a different stirring in the forest.
Potem je zaznal drugačno gibanje v gozdu.
The stirring was not from the Yeehats, but from something older and deeper.

Vznemirjenje ni prihajalo od Yeehatov, temveč od nečesa starejšega in globljega.

He stood up, ears lifted, nose testing the breeze with care.

Vstal je, privzdignil ušesa in previdno z nosom preizkusil vetrič.

From far away came a faint, sharp yelp that pierced the silence.

Od daleč se je zaslišal rahel, oster krik, ki je prerezal tišino.

Then a chorus of similar cries followed close behind the first.

Nato se je tik za prvim zaslišal zbor podobnih krikov.

The sound drew nearer, growing louder with each passing moment.

Zvok se je bližal in z vsakim trenutkom postajal glasnejši.

Buck knew this cry—it came from that other world in his memory.

Buck je poznal ta krik – prihajal je iz tistega drugega sveta v njegovem spominu.

He walked to the center of the open space and listened closely.

Stopil je do središča odprtega prostora in pozorno prisluhnil.

The call rang out, many-noted and more powerful than ever.

Klic se je razlegel, mnogoglasen in močnejši kot kdaj koli prej.

And now, more than ever before, Buck was ready to answer his calling.

In zdaj, bolj kot kdaj koli prej, je bil Buck pripravljen odgovoriti na svoj klic.

John Thornton was dead, and no tie to man remained within him.

John Thornton je bil mrtev in v njem ni ostalo nobene vezi s človekom.

Man and all human claims were gone—he was free at last.

Človek in vse človeške zahteve so izginile – končno je bil svoboden.

The wolf pack were chasing meat like the Yeehats once had.

Volčji krdelo je lovilo meso, tako kot so to nekoč počeli Yeehati.

They had followed moose down from the timbered lands.
Sledili so losom iz gozdnatih območij.
Now, wild and hungry for prey, they crossed into his valley.
Zdaj so, divji in lačni plena, prečkali njegovo dolino.
Into the moonlit clearing they came, flowing like silver water.
Prišli so na mesečino obsijano jaso, tekoči kot srebrna voda.
Buck stood still in the center, motionless and waiting for them.
Buck je negibno stal na sredini in jih čakal.
His calm, large presence stunned the pack into a brief silence.
Njegova mirna, velika prisotnost je osupnila krdelo v kratek molk.
Then the boldest wolf leapt straight at him without hesitation.
Nato je najdrznejši volk brez oklevanja skočil naravnost vanj.
Buck struck fast and broke the wolf's neck in a single blow.
Buck je udaril hitro in z enim samim udarcem zlomil volku vrat.
He stood motionless again as the dying wolf twisted behind him.
Spet je negibno stal, ko se je umirajoči volk zvil za njim.
Three more wolves attacked quickly, one after the other.
Še trije volkovi so hitro napadli, drug za drugim.
Each retreated bleeding, their throats or shoulders slashed.
Vsak se je umaknil krvaveč, s prerezanim grlom ali rameni.
That was enough to trigger the whole pack into a wild charge.
To je bilo dovolj, da je celoten trop sprožil divji napad.
They rushed in together, too eager and crowded to strike well.
Skupaj so planili noter, preveč zagnani in natrpani, da bi dobro udarili.
Buck's speed and skill allowed him to stay ahead of the attack.

Buckova hitrost in spretnost sta mu omogočila, da je ostal pred napadom.

He spun on his hind legs, snapping and striking in all directions.

Vrtel se je na zadnjih nogah, škljajal in udarjal v vse smeri.

To the wolves, this seemed like his defense never opened or faltered.

Volkovom se je zdelo, kot da se njegova obramba nikoli ni odprla ali omahovala.

He turned and slashed so quickly they could not get behind him.

Obrnil se je in tako hitro zamahnil, da mu niso mogli za hrbet.

Nonetheless, their numbers forced him to give ground and fall back.

Kljub temu ga je njihovo število prisililo, da je popustil in se umaknil.

He moved past the pool and down into the rocky creek bed.

Premaknil se je mimo tolmuna in se spustil v skalnato strugo potoka.

There he came up against a steep bank of gravel and dirt.

Tam je naletel na strm breg, poln gramoza in zemlje.

He edged into a corner cut during the miners' old digging.

Med starim kopanjem rudarjev se je zaril v kotni rez.

Now, protected on three sides, Buck faced only the front wolf.

Zdaj, zaščiten s treh strani, se je Buck soočal le s sprednjim volkom.

There, he stood at bay, ready for the next wave of assault.

Tam je stal na varni razdalji, pripravljen na naslednji val napada.

Buck held his ground so fiercely that the wolves drew back.

Buck je tako vztrajno vztrajal, da so se volkovi umaknili.

After half an hour, they were worn out and visibly defeated.

Po pol ure so bili izčrpani in vidno poraženi.

Their tongues hung out, their white fangs gleamed in moonlight.

Njihovi jeziki so viseli, njihovi beli zobje so se lesketali v mesečini.

Some wolves lay down, heads raised, ears pricked toward Buck.

Nekaj volkov je leglo, dvignjenih glav in ušesa, napeta proti Bucku.

Others stood still, alert and watching his every move.

Drugi so stali pri miru, pozorni in opazovali vsak njegov gib.

A few wandered to the pool and lapped up cold water.

Nekaj jih je odšlo do bazena in si napilo hladne vode.

Then one long, lean gray wolf crept forward in a gentle way.

Nato se je dolg, suh siv volk nežno priplazil naprej.

Buck recognized him—it was the wild brother from before.

Buck ga je prepoznal – bil je tisti divji brat od prej.

The gray wolf whined softly, and Buck replied with a whine.

Sivi volk je tiho cvilil, Buck pa je odgovoril s cviljenjem.

They touched noses, quietly and without threat or fear.

Dotaknila sta se nosov, tiho in brez grožnje ali strahu.

Next came an older wolf, gaunt and scarred from many battles.

Sledil je starejši volk, shujšan in brazgotinjen od številnih bitk.

Buck started to snarl, but paused and sniffed the old wolf's nose.

Buck je začel renčati, a se je ustavil in povohal starega volka skozi nos.

The old one sat down, raised his nose, and howled at the moon.

Starec se je usedel, dvignil nos in zavil v luno.

The rest of the pack sat down and joined in the long howl.

Preostali del krdela se je usedel in se pridružil dolgemu tuljenju.

And now the call came to Buck, unmistakable and strong.

In zdaj je Buck zaslišal klic, nedvoumen in močan.

He sat down, lifted his head, and howled with the others.

Sedel je, dvignil glavo in zavpil skupaj z drugimi.

When the howling ended, Buck stepped out of his rocky
shelter.

Ko je tuljenje ponehalo, je Buck stopil iz svojega skalnatega
zavetja.

The pack closed in around him, sniffing both kindly and
warily.

Krdelo se je stisnilo okoli njega in prijazno in previdno
ovohavalo.

Then the leaders gave the yelp and dashed off into the
forest.

Nato so vodje kriknili in stekli v gozd.

The other wolves followed, yelping in chorus, wild and fast
in the night.

Drugi volkovi so jim sledili in v noči divje in hitro cvilili v
zboru.

Buck ran with them, beside his wild brother, howling as he
ran.

Buck je tekel z njimi, poleg svojega divjega brata, in med
tekom tulil.

Here, the story of Buck does well to come to its end.

Tukaj se zgodba o Bucku dobro konča.

In the years that followed, the Yeehats noticed strange
wolves.

V naslednjih letih so Yeehati opazili čudne volkove.

Some had brown on their heads and muzzles, white on the
chest.

Nekateri so imeli rjavo barvo na glavi in gobcu, belo na prsih.

But even more, they feared a ghostly figure among the
wolves.

Še bolj pa so se bali duhovne postave med volkovi.

They spoke in whispers of the Ghost Dog, leader of the
pack.

Šepetaje so govorili o duhovnem psu, vodji krdela.

This Ghost Dog had more cunning than the boldest Yeehat
hunter.

Ta pes duhov je bil bolj zvit kot najdrznejši lovec Yeehat.

The ghost dog stole from camps in deep winter and tore
their traps apart.

Pes duh je sredi zime kradel iz taborišč in jim raztrgal pasti.

The ghost dog killed their dogs and escaped their arrows
without a trace.

Pes duh je ubil njihove pse in brez sledu pobegnil pred
njihovimi puščicami.

Even their bravest warriors feared to face this wild spirit.

Celo njihovi najpogumnejši bojevniki so se bali soočiti s tem
divjim duhom.

No, the tale grows darker still, as the years pass in the wild.

Ne, zgodba postaja še temnejša, ko leta minevajo v divjini.

Some hunters vanish and never return to their distant
camps.

Nekateri lovci izginejo in se nikoli več ne vrnejo v svoje
oddaljene tabore.

Others are found with their throats torn open, slain in the
snow.

Druge najdejo z raztrganimi grli, pobite v snegu.

Around their bodies are tracks — larger than any wolf could
make.

Okoli njihovih teles so sledi – večje od tistih, ki bi jih lahko
naredil kateri koli volk.

Each autumn, Yeehats follow the trail of the moose.

Vsako jesen Yeehati sledijo losu.

But they avoid one valley with fear carved deep into their
hearts.

Vendar se eni dolini izogibajo s strahom, globoko vrezanim v
njihova srca.

They say the valley is chosen by the Evil Spirit for his home.

Pravijo, da si je dolino za svoj dom izbral Zli duh.

And when the tale is told, some women weep beside the
fire.

In ko se zgodba pripoveduje, nekatere ženske jokajo ob ognju.

But in summer, one visitor comes to that quiet, sacred valley.

Toda poleti pride v tisto tiho, sveto dolino en obiskovalec.

The Yeehats do not know of him, nor could they understand.

Yeehati ga ne poznajo in ga tudi ne morejo razumeti.

The wolf is a great one, coated in glory, like no other of his kind.

Volk je velik, s slavo v dlaki, kakršnega ni v njegovi vrsti.

He alone crosses from green timber and enters the forest glade.

Sam prečka zelen gozd in vstopi na gozdno jaso.

There, golden dust from moose-hide sacks seeps into the soil.

Tam se zlati prah iz vreč iz losove kože pronica v zemljo.

Grass and old leaves have hidden the yellow from the sun.

Trava in staro listje sta skrila rumeno barvo pred soncem.

Here, the wolf stands in silence, thinking and remembering.

Tukaj volk stoji v tišini, razmišlja in se spominja.

He howls once—long and mournful—before he turns to go.

Enkrat zavije – dolgo in žalostno – preden se obrne, da odide.

Yet he is not always alone in the land of cold and snow.

Vendar ni vedno sam v deželi mraza in snega.

When long winter nights descend on the lower valleys.

Ko se dolge zimske noči spustijo na spodnje doline.

When the wolves follow game through moonlight and frost.

Ko volkovi sledijo divjadi skozi mesečino in zmrzal.

Then he runs at the head of the pack, leaping high and wild.

Nato steče na čelu krdela, visoko in divje skače.

His shape towers over the others, his throat alive with song.

Njegova postava se dviga nad drugimi, njegovo grlo živo od pesmi.

It is the song of the younger world, the voice of the pack.

To je pesem mlajšega sveta, glas krdela.

He sings as he runs—strong, free, and forever wild.

Med tekom poje – močan, svoboden in večno divji.

www.ingramcontent.com/pod-product-compliance
Lightning Source LLC
Chambersburg PA
CBHW011734020426
42333CB00024B/2880